일본어 동화 읽기

윤 호 숙 저

제이앤씨
Publishing Company

머리말

　어학능력은 크게 '읽기', '쓰기', '듣기', '말하기'로 나뉜다. 그러나 네 가지 어학능력에서 공통적으로 꼭 필요한 것이 어휘력이라고 할 수 있다. 어휘력 향상을 위해서는 특히 독해 연습이 많이 필요한데 초급 수준의 학습자가 독해 연습을 하기 위해서는 옛날이야기, 즉 전래동화가 가장 적합하다. 또한 일본인과의 원활한 커뮤니케이션을 위해서는 일본어 뿐아니라 일본문화 및 일본인의 관습 등을 다양하게 익혀야 하는데 일본의 동화가 많은 도움이 된다고 할 수 있다.

　동화는 전 세계 어느 나라에나 존재한다. 일본인의 경우, 어린시절부터 '옛날 옛날 어느 곳에(むかしむかし、あるところに…)'라는 문구로 시작되는 전래동화를 듣고 자라서 일본인 치고「모모타로(桃太郎)」,「긴타로(金太郎)」,「우라시마타로(浦島太郎)」,「잇슨보시(一寸法師)」등의 동화를 모르는 사람이 없을 것이다.

　일본의 전래동화는 다양한 경로를 통해 전해져 완성되었는데 헤이안시대(平安時代)의 설화를 모은 「콘자쿠모노가타리(今昔物語)」가 전해지기 시작해 메이지 시대(明治時代)에 와서는 「일본 옛날이야기(日本昔話)」로 이어져 내려와 현재에 이르고 있다. 그 중에서도 「모모타로(桃太郎)」「잇슨보시(一寸法師)」「우라시마타로(浦島太郎)」「하나사카지이상(花咲かじいさん)」「긴타로 (金太郎) 」「츠루노온가에시(鶴の恩返し)」등은, 메이지 20년 대에 어린이용으로 수정되어 일본인 마음 속에 깊이 자리잡게 되었다. 또한 전래동화는 일본 전역에서 몇 대에 걸쳐 구전되어 온 것들도 많다.

　이에 따라 일본의 전래동화에는 일본인의 전통 정신이나 문화적 특성이 잘 반영되어 있다고 할 수 있다.

　일본의 전래동화에는 다양한 소재가 다뤄지고 있는데 본서에서는 아래와 같이 일본의 대표적인 동화 13편을 다방면에서 선정하여 어휘와 문법, 어구를 익히도록 하였으며 퀴즈를 통해 본문의 내용을 완전히 습득하도록 하였다.

第1課 浦島太郎(うらしまたろう)　　第2課 笠地蔵(かさじぞう)
第3課 鶴の恩返し(つるのおんがえし)　第4課 さるかに合戦(さるかにがっせん)
第5課 花咲かじいさん(はなさかじいさん)　第6課 おむすびころりん
第7課 一寸法師(いっすんぼうし)　　第8課 かちかち山(かちかちやま)
第9課 かぐや姫(かぐやひめ)　　第10課 金太郎(きんたろう)
第11課 わらしべ長者(わらしべちょうじゃ)　第12課 ぶんぶく茶釜(ぶんぶくちゃがま)
第13課 桃太郎(ももたろう)

　또한 삽화를 통해 즐겁게 학습할 수 있도록 하였다. 이밖에도 쉬어가기에서는 본문 내용과 관련하여 다양한 정보를 제공한 동시에 본문의 내용과 관련한 에마키(絵巻) 등을 소개하여 그 시대의 문화와 생활 습성 등을 엿보는데 도움을 주려고 하였다. 추가로 부록에 제공한 한국어 번역은 본문의 정확한 내용 파악뿐 아니라 자연스러운 일한번역 연습도 가능케 할 것이다.

　끝으로 본서가 출간되기까지 도움을 준 寺田庸平 교수님과 윤석현 제이앤씨 대표님, 그리고 최인노 과장님과 제이앤씨 출판사 관계자 여러분께 깊은 감사의 뜻을 전한다.

2022년 3월 9일
저자 윤호숙

目次

浦島太郎
（うらしまたろう）

第1課

浦島太郎
（うらしまたろう）

　むかし、むかし、あるところに浦島太郎という心やさしい漁師が住んでいました。

　ある日のこと、浜辺を歩いていると一匹の亀が子供達にいじめられているのを見ました。

　「これこれ、亀をいじめたらかわいそうだよ。はなしておやり」

　そう言って浦島太郎は子供たちから亀を助けてやりました。

　数日すぎたある日、浦島太郎がいつものようにつりをしていると亀が海から出てきて、

　「浦島太郎さん、僕はこの間あなたから助けられた亀です。お姫様があなたを竜宮城におつれしなさいというのでお迎えにまいりました。」

　「竜宮城へつれていってくれるのかい。それなら、少し行ってみようか。」

　浦島太郎はさっそく亀のこうらに乗ると海の中に入っていきました。

　竜宮城はさんごに囲まれ、魚が泳ぐ、それはそれは美しいお城でした。お姫様はそれはそれは美しいお方でした。

　「浦島太郎さん、亀をたすけてくれてありがとうございます。どうかごゆっくりしていって下さい。」

　太郎は、お城の中の大きな部屋に案内され、たくさんの豪華な料理をごちそうになりました。

　タイやヒラメやタコなどの魚たちが、太郎におどりを見せてくれました。

　浦島太郎は時間のたつのも忘れて楽しみました。

　まるで夢のような毎日でした。

　数日が過ぎ、浦島太郎は村のことやお母さんのことを思い出し、ついに別れの時がやってきました。

　別れぎわ、お姫様は浦島太郎に小さな箱を手渡しました。

　「もう7日も竜宮城にいたので、そろそろ家に帰ります。ありがとうございます。」

　「いつまでも、ここにいて欲しいのですが、しかたありません。では、この玉手箱を持っていってください。でも、この箱は決して開けてはいけませんよ」

　亀に乗って村に帰った浦島太郎は、どうしたことか自分の家もお母さんも見つけられず、村もすっかり変わっていました。

　どうしたらよいかわからなくなってしまい、玉手箱を開けてみることにしました。

　すると白いけむりが出てきて、浦島太郎はあっという間におじいさんになってしまいました。

　竜宮城で楽しく過ごしている間に、何百年も経ってしまったのです。

　浦島太郎は、今どこにいるのか、夢なのかわからなくなってしまいました。

📓 새로운 어휘

- □ **むかし** 옛날

- □ **漁師(りょうし)** 어부

- □ **浜辺(はまべ)** 바닷가, 해변

- □ **亀(かめ)** 거북이

- □ **いじめる** 괴롭히다

- □ **かわいそう** 불쌍한 모양, 가엾은[가련한] 모양

- □ **放す(はなす)** 놓다, 풀어놓다, 놓아주다

- □ **助ける(たすける)** 구조하다, 살리다

- □ **すぎる(過ぎる)** 지나(가)다, 통과하다, 넘다, (시간·기한이) 지나다, 끝나다

- □ **釣り(つり)** 낚시(질)

- □ **お姫様(おひめさま)** 귀인의 딸의 높임말, 아가씨, 공주님

- □ **竜宮城(りゅうぐうじょう)** 용궁성

- □ **連れる(つれる)** 데리고 오[가]다, 거느리다, 동반하다, 동행하다

- □ **早速(さっそく)** 즉시

- □ **こうら** 갑각(甲殼), (게·거북 따위의) 등딱지

- □ **さんご** 산호

- □ **囲む(かこむ)** 두르다, 둘러싸다

- □ **泳ぐ(およぐ)** 헤엄치다, 수영을 하다

☐ 豪華(ごうか)　호화

☐ タイ　도미

☐ ヒラメ　넙치

☐ タコ　문어

☐ おどり　춤

☐ ついに　드디어, 마침내, 결국

☐ 別れぎわ(わかれぎわ)　헤어질 때, 헤어지는 순간

☐ 手渡す(てわたす)　손수[직접] 전하다, 손에서 손으로 전하다

☐ 手渡しをする(てわたしをする)　직접 전하다

☐ 玉手箱(たまてばこ)　옛날에 浦島太郎라는 사람이 용궁의 선녀한테 얻었다는 상자, 쉽게 열어 보일 수 없는 소중한 상자

☐ 見つける(みつける)　찾(아 내)다, 발견하다

☐ けむり　연기

문법&어구

1. 〜と : 〜하자 / 했더니 / 하니까

□ 浜辺を<u>歩いていると</u>一匹の亀が子供達にいじめられているのを見ました。

해변을 거닐다가 거북이 한 마리가 아이들에게 괴롭힘을 당하는 것을 보았습니다.

▶ 窓を<u>開けると</u>、すぐに涼しい風が入ってきた。

창문을 열자 곧 시원한 바람이 들어왔다.

▶ 赤ちゃんは私の顔を<u>見ると</u>、大きな声で泣き出しました。

아기는 내 얼굴을 보자마자 큰 소리로 울기 시작했습니다.

2. 〜(ら)れる : ~되다(~지다), 수동표현

□ 亀が子供達に<u>いじめられている</u>。

거북이가 아이들에게 괴롭힘을 당하고 있다.

□ 竜宮城はさんごに<u>囲まれ</u>、魚が泳いでいる。

용궁성은 산호로 둘러싸여 있고 물고기가 헤엄치고 있다.

□ お城の中の大きな部屋に<u>案内され</u>、たくさんの豪華な料理をごちそうになりました。

성 안의 큰 방으로 안내되어 많은 호화로운 요리를 대접받았습니다.

▶ 遅刻して先生に<u>注意された</u>。

지각해서 선생님한테 주의를 받았다.

3. ～たら : ～(하)면

☐ かめを<u>いじめたら</u>かわいそうだよ。
거북이를 괴롭히면 불쌍해.

▸ 大学を<u>卒業したら</u>日本に留学します。
대학을 졸업하면 일본으로 유학갑니다.

▸ 授業が<u>終わったら</u>、図書館に行く。
수업이 끝나면 도서관에 간다.

4. ～てやる/～てくれる : ～해 주다

☐ 浦島太郎は子供たちから亀を<u>助けてやりました</u>。
우라시마타로는 아이들에게서 거북이를 구해 주었습니다.

☐ 竜宮城へ<u>つれていってくれる</u>のかい。
용궁성에 데려다 주는건가?

▸ 弟の誕生日にカメラを<u>買ってやった</u>。
남동생 생일에 카메라를 사주었다.

▸ 友達が<u>手伝ってくれた</u>。
친구가 도와줬어.

5. **〜なさい / まいる** ： ~하시오/가다, 오다의 겸사말(경어)

☐ お姫様があなたを竜宮城に おつれしなさい というのでお迎えに まいり
ました。
공주님께서 당신을 용궁성으로 모셔오라고 해서 마중을 나왔습니다.

▶ 明日は早く 起きなさい。
내일은 일찍 일어나라.

▶ 間もなく、8番線に、電車が 参ります。
잠시 후, 8번선으로 전철이 옵니다.

6. **〜て欲しい** ： ~해 주었으면 좋겠다

☐ いつまでも、ここに いて欲しいのですが、しかたありません。
언제까지나 여기에 있어 주었으면 좋겠지만 어쩔 수 없네요.

▶ 一人じゃできないので誰かに 助けてほしい。
혼자서는 못하니까 누군가 도와줬으면 좋겠어.

▶ 早く夏休みが 来て欲しい。
빨리 여름 방학이 왔으면 좋겠다.

7. **〜てはいけない** ： ~어(아)서는 안된다 / 면 안된다

☐ 決して 開けてはいけませんよ。
결코 열어서는 안되요.

▶ 授業中に携帯電話を<u>使ってはいけません</u>。

수업 중에 휴대전화를 사용하면 안 됩니다.

▶ この川で<u>泳いではいけません</u>。

이 강에서 수영해서는 안됩니다.

8. ~ず ： ~지 않고

□ 自分の家もお母さんも<u>見つけられず</u>、村もすっかり変わっていました。

자기 집도 엄마도 찾지 못하고 마을도 완전히 변해 있었습니다.

▶ 彼女は何も<u>買わず</u>、店を出た。

그녀는 아무것도 사지 않고 가게를 나왔다.

▶ 一日中何も<u>食べずに</u>寝ている。

하루 종일 아무것도 먹지 않고 자고 있다.

9. ~ことにする ： ~기로 하다

□ 玉手箱を開けて<u>みることにしました</u>。

구슬 상자를 열어 보기로 했습니다.

▶ 明日から、毎日10分ジョギングを<u>することにしました</u>。

내일부터 매일 10분 조깅을 하기로 했어요.

▶ ダイエットのために、お菓子を<u>やめることにします</u>。

다이어트를 위해서 과자를 끊기로 하겠습니다.

퀴즈

※ 다음 괄호 안에 들어갈 말로 잘못된 것을 모두 고르시오.

① あるところ(で)心やさしい漁師が住んでいました。

② 浦島太郎は子供たち(から)亀を助けてやりました。

③ いつものようにつりをしている(と)亀が海から出てきて、

④ (どうも)ごゆっくりしていって下さい。

⑤ 浦島太郎は時間(の)たつのも忘れて楽しみました。

⑥ (まるで)夢のような毎日でした。

⑦ お母さんのことを思い出し、(つい)別れの時がやってきました。

⑧ 別れ(ぎわ)、お姫様は浦島太郎に小さな箱を手渡しました。

⑨ この箱は(決して)開けてはいけませんよ。

⑩ どうしたことか自分の家もお母さんも見つけられ(ず)、村もすっかり変わっていました。

▶ 우라시마타로

나라(奈良)시대의 만요슈(万葉集)나 니혼쇼키(日本書紀)에 이야기의 원형이 존재하는 가장 오래된 민화이다. 지금도 교토후(京都府) 요사군(与謝郡)에 있는 우라진쟈(宇良神社)에서는 우라시마타로를 신으로 모시고 있다.

▶ 우라시마타로 상태

용궁에서 귀향했을 때 전혀 모르는 땅으로 변해버린 우라시마타로와 비슷한 입장을 일컬어 이렇게 표현한다. 여성의 경우는 하나코 상태라고 표현한다. 외국에 살며 일본의 유행이나 화제에 전혀 끼어들 수 없는 상태나 장기 출장지에서 돌아와 본사의 변모에 허둥대거나 매스컴과 접하지 않아 시사뉴스나 연속드라마의 진행에 대해서 화제에 끼어들 수 없는 상태나 최첨단 테크놀로지 세계를 따라 잡지 못하고 뒤처진 세대가 자학적으로 표현한 말이다. 정신병원에 입원했다가 퇴원한 사람이나 장기복역자 등도 이와 비슷한 경우에 해당한다.

(『키워드로 여는 일본의 향』 김용안)

▶ 우라시마타로의 모델이 된 야마사치히코(山幸彦) 전설

고지키(古事記)에서 우미사치히코(海幸彦)와 야마사치히코(山幸彦)에 대한 신화는 가장 유명한 이야기이다. 타카마가하라(高天原)에서 강림한 니니기노미코토(瓊瓊杵尊)는 측백나무를 만난다. 그 아름다움에 이끌려 고노하나사쿠야히메(木花咲耶姫)와 측백나무는 세 명의 아이를 낳는다. 이야기에 등장하는 것은 형인 호대리노미코토(火照命)와 동생 호오리노미코토(火遠理命)다. 이 둘이 모델인 우미사치히코(海幸彦)는 바다에서 고기잡이를 하고 야마사치히코(山幸彦)는 산에서 사냥을 하며 살았다. 한번은 야마사치가 연장을 갈며 도구를 바꾸어 사냥감을 잡아 보자고 하였다. 우미사치는 거절했지만 야마사치가 하도 간곡히 부탁해서 마침내 허락했다. 그러나 야마사치는 형의 소중한 낚싯바늘을 바다 속에서 잃어버렸다. 야마사치는 형에게 빌며 자신의 칼을 으깨어 천 개의 바늘을 만들었지만 그래도 용서받지 못했다.

月岡芳年
출처 : https://ja.wikipedia.org/wiki/%E6%B5%A6%E5%B3%B6%
E5%A4%AA%E9%83%8E#/media/%E3%83%95%E3%82%A1%E
3%82%A4%E3%83%AB:Urashima_Taro_Returning_on_the_Turtle
LACMA_M.84.31.349.jpg

　야마사치가 어찌할 바를 몰라하던 차에, 시오츠치노가미(塩椎神)가 와서 이유를
물어, 야마사치가 있는 위치를 알려 주었다. 야마사치는 와타쓰미노카미노미야
(ワタツミノカミの宮)에 당도했다. 그곳에서 아름다운 도요타마히메(トヨタマヒメ)
를 만나 결혼해서 꿈같은 3년을 보냈다. 어느 날, 야마사치는 낚싯바늘이 생각나 한
숨을 쉬었다. 이를 본 도요타마는 곧바로 고기를 모아 낚싯바늘을 찾아냈다. 야마사
치는 그것을 가지고 귀국해서 무사히 낚싯바늘을 형에게 돌려주었다. 이후 형과 맞
서 싸웠으나 해신(海神)이 준 보옥의 힘으로 형을 항복시킬 수 있었다. 우미사치는
이후 자신이 야마사치의 수호인이 되겠다고 맹세했다. 야마사치가 돌아왔을 때 사
람들은 바다로 뛰어들어 맞이했다. 지금의 아오시마 신사(青島神社)의 겨울 제례인
'나신 참배(裸参り)'는 그것에서 유래했다고 전해진다. 그리고 아오시마는 이 신화
와 관련된 신성한 곳으로 추앙되어 왔다.

(출처 :『みやざきの神話と伝承101』「海幸彦と山幸彦」)

笠地蔵
（かさじぞう）

第2課

笠地蔵
（かさじぞう）

　　むかしむかし、あるところに、貧乏(びんぼう)だけど心優しい、おじいさ
んとおばあさんがいました。

　　ある年の大晦日の事です。

　　おじいさんとおばあさんは、二人でかさを作りました。

　　それを町へ持って行って売り、お正月のおもちを買うつもりです。

　　「かさは五つもあるから、もちぐらい買えるだろう」

　　「お願いしますね。それから今夜は雪になりますから、気をつけて下さい
よ」

　　おじいさんは、五つのかさを持って出かけました。

　　家を出てまもなく、雪が降ってきました。

　　雪はだんだん激しくなったので、おじいさんはせっせと道を急ぎました。

　　村はずれまで来ると、お地蔵さまが六つならんで立っています。

お地蔵さまの頭にも肩にも、雪が積もっています。

これを見たおじいさんは、そのまま通り過ぎる事が出来ませんでした。

「お地蔵さま。雪が降って寒かろうな。せめて、このかさをかぶってください」

おじいさんはお地蔵さまに、売るつもりのかさをかぶせてやりました。

でも、お地蔵さまは六つなのに、かさは五つしかありません。

そこでおじいさんは自分のかさを脱いで、最後のお地蔵さまにかぶせてやりました。

家へ帰ると、おばあさんがびっくりして言いました。

「まあまあ、ずいぶん早かったですねぇ。それに、おじいさんのかさはどうしました？」

おじいさんは、お地蔵さまのことを話してやりました。

「まあまあ、それは良い事をしましたねえ。おもちなんて、なくてもいいですよ」

おばあさんは、ニコニコして言いました。

その夜、夜中だと言うのに、ふしぎな歌が聞こえてきました。

♪じいさんの家はどこだ。

♪かさのお礼を、届けに来たぞ。

♪じいさんの家はどこだ。

♪かさのお礼を、届けに来たぞ。

歌声はどんどん近づいて、とうとうおじいさんの家の前まで来ると、

ズシーン！

と、何かを置く音がして、そのまま消えてしまいました。

おじいさんがそっと戸を開けてみると、おじいさんのあげたかさをかぶったお地蔵さまの後ろ姿が見えました。

そして家の前には、お正月用のおもちやごちそうが山のように置いてありました。

새로운 어휘

□ 貧乏(びんぼう) 가난

□ 大晦日(おおみそか) 섣달 그믐날

□ 笠(かさ) 삿갓, 갓 모양의 것

□ 作る(つくる) 만들다

□ 売る(うる) 팔다

□ お正月(おしょうがつ) 설날

□ おもち 떡류

□ 出かける(でかける) 외출하다, 나가다

□ 激しい(はげしい) 세차다, 격(심)하다

□ せっせと 열심히, 부지런히

□ 急ぐ(いそぐ) 서두르다, 채비하다

□ はずれ 변두리

□ お地蔵(おじぞう) (불교) 지장, '地蔵菩薩'의 준말

□ 積もる(つもる) 쌓이다

□ 通り過ぎる(とおりすぎる) 지나가다, 통과하다

□ せめて 하다못해, 그런대로

□ かぶせる 덮다, 씌우다, (위에서)끼웠다

□ びっくり 깜짝놀람

□ ずいぶん 대단히, 몹시, 아주

□ ニコニコ 생긋생긋, 싱글벙글(=にっこり) ～する

□ 夜中(よなか) 밤중, 한밤중

□ ふしぎな 이상한, 불가사의한

□ 礼(れい) 예, 예의, 경의, 인사, 절, 감사의 뜻

□ 届ける(とどける) 가닿게 하다, 보내어 주다, (관청 등에) 신고하다

□ どんどん 자꾸, 계속, 잇따르는 모양

□ 近づく(ちかづく) 접근하다, 가까이 가다, 다가오다

□ とうとう 드디어, 결국, 마침내

□ 消える(きえる) 꺼지다, 사라지다

□ そっと 살짝, 가만히, 몰래

□ 後ろ姿(うしろすがた) 뒷모습

문법&어구

1. つもり : 예정, 생각

☐ それを町へ持って行って売り、お正月のおもちを買うつもりです。
그것을 동네에 가져가 팔아서 설날 떡을 살 생각입니다.

▶ 来週京都へ行くつもりです。
다음주에 교토에 갈 생각입니다.

▶ 私は日本の小説をたくさん読むつもりです。
나는 일본 소설을 많이 읽을 생각입니다.

2. 가능동사

☐ 「「かさは五つもあるから、もちぐらい買えるだろう」
"삿갓은 다섯 개나 되니까 떡 정도는 살 수 있을 거야."

▶ 何回でも書けます。
몇번이라도 쓸 수 있습니다.

▶ 一人で日本に行けます。
혼자서 일본에 갈 수 있습니다.

3. ～てまもなく ： ～하자마자

□ 家を<u>出てまもなく</u>、雪が降ってきました。

집을 나서자마자 눈이 내리기 시작했습니다.

▶ 君が<u>帰ってまもなく</u>彼が来た。

자네가 돌아가자마자 그가 왔다.

▶ <u>入社して間もなく</u>、海外出張を命ぜられた。

입사하자마자 해외출장을 명받았다.

4. ～かろう ： ~겠지, ~ㄹ 것이다

□ お地蔵さま。雪が降って<u>寒かろう</u>な。

지장보살님. 눈이 와서 춥겠구나.

▶ さぞ、景色が<u>よかろう</u>。

필시 경치가 좋을 거야.

▶ 友達が多いと<u>楽しかろう</u>。

친구가 많으면 즐거울 거야.

5. 명령형

□ せめて、このかさをかぶって<u>くだされ</u>。

그런대로 이 삿갓을 쓰세요.

▶ これ、作ってくだされ。

이것, 만들어 주세요.

▶ どうかはやく来てくだされ。

부디 빨리 와 주세요.

6. ~のに : ~한데(역접)

☐ でも、お地蔵さまは六つなのに、かさは五つしかありません。

하지만 지장보살님은 여섯인데 삿갓은 다섯 개밖에 없었습니다.

▶ 昨日、たくさん寝たのに、まだ眠いです。

어제, 많이 잤는데 아직 졸립습니다.

▶ このステーキは高いのに、おいしくないです。

이 스테이크는 비싼데 맛이 없습니다.

7. ~てもいい : ~해도 좋다

☐ おもちなんて、なくてもいいですよ。

떡 같은 건 없어도 돼요.

▶ 先生、熱があるんです。今日、休んでもいいですか。

선생님, 열이 있습니다. 오늘 쉬어도 됩니까?

▶ すみません。トイレに行ってもいいですか。

죄송합니다. 화장실에 가도 됩니까?

8. ～に ： ～하러(목적)

□ かさのお礼を、<u>届けに</u>来たぞ。

삿갓의 사례를 전하러 왔다.

▶ 明日、イタリア料理を<u>食べに</u>行こう。

내일 이탈리아 요리를 먹으로 가자.

▶ 美しいものを<u>見に</u>行くツアーひとり参加。

아름다운 것을 보러 가는 투어 혼자서 참가.

9. ～てある ： ～어 있다(상태)

□ そして家の前には、お正月用のおもちやごちそうが山のように<u>置いてありました</u>。

그리고 집 앞에는 설날용 떡과 맛있는 음식이 산더미처럼 놓여 있었습니다.

▶ あ、ケーキが<u>切ってあります</u>よ。

아, 케이크가 잘라져 있어요.

▶ 電気が<u>消してありました</u>。

전기가 꺼져 있었습니다.

퀴즈

※ 다음 괄호 안에 들어갈 말로 잘못된 것을 모두 고르시오.

① おじいさんとおばあさんは、二人(で)かさを作りました。

② それを町へ持って行って売り、お正月のおもちを買う(こと)です。

③ 雪は(だんだん)激しくなったので、おじいさんはせっせと道を急ぎました。

④ お地蔵さま。雪が降って(寒だろうな)。せめて、このかさをかぶってくだされ。

⑤ お地蔵さまは六つな(のに)、かさは五つしかありません。

⑥ 「まあまあ、それは良い事をしましたねえ。おもち(なんて)、なくてもいいですよ」

⑦ じいさんの家はどこだ。かさのお礼を、(届けに)来たぞ。

⑧ 歌声はどんどん近づいて、(とうとう)おじいさんの家の前まで来ると、

⑨ おじいさんが(さっと)戸を開けてみると、お地蔵さまの後ろ姿が見えました。

⑩ そして家の前には、お正月用のおもちやごちそうが(山のように)置いてありました。

정답 : ②, ④, ⑥

▌ 지장님과 염라대왕은 동일 인물?

「지장님」은 「지장보살」이며, 친밀감을 담아 「지장님」이나 「지장보살님」이라고 불린다. 불교의 신앙 대상인 보살의 일종이다.

'지장(地藏)'은 '염라대왕'과 동일하다. '부처'는 2500여 년 전에 죽었다가 그 부처 대신 돌아온 것이 지장보살이다. 그 지장보살이 염라대왕이라고 믿게 되었다.

이 이야기는 불교학자 정토종 승려 모치즈키 신코(望月信亨, 1869~1948)이 편찬하고 불교학의 기본서가 된 『망월불교대사전(望月佛教大辞典)』에 기재되어 있으며, 저승에서 지옥행이냐 극락행이냐의 심판에 대해 쓴 『십왕(十王)』 항목에 '염라대왕은 지장보살'이라는 기술이 있다.

지장은 고대 산스크리트어로 인도 대지의 은혜를 관장하는 신을 뜻하고 보살은 불교에서 깨달음을 얻기 위해 수행하는 자를 뜻한다. 즉, 인도에서 대지의 생명을 이어갈 힘을 가진 신이 불교에 도입되면서 '지장보살'이 탄생했다.

大和の故郷、海猿の町「呉」「一歩」
출처 : https://blog.goo.ne.jp/harimaoeight/e/e3ccdf4731a00a4bfeb5f675
　　　ebc82758

지장보살은 모든 사람을 구원하는 수행을 맡았고 불교가 인도에서 중국으로 전해지자 지장보살은 염라대왕과 중첩되었다. 모든 사람을 구원하는 지장보살은 저승에서도 사람들을 구원해 줄 것이라 여겨져 차츰 저승에 와 있는 무서운 인상이 담긴 염라대왕과 동일시되게 되었다.

중국 송나라 때의 경전에는 이미 '지장보살이 염라대왕이다'라는 기술이 있다. 원래는 힌두교에서 명계의 왕으로 죽은 자가 생전에 지은 죄를 심판하는 신이었던 염라대왕은 불교에서 구원의 신으로 받아들여졌고 그 구원의 모습이 모든 사람을 구원하는 지장보살의 화신으로 덧씌워졌다.

이러한 사상은 일본에도 헤이안시대(平安時代) 말기에 전해졌다. 이승에서뿐만 아니라 지옥에서도 사람을 구한다는 지장보살은 사람들을 감시하고 다스리는 염라대왕의 면모도 지니고 있다는 것이다.

大和の故郷、海猿の町「呉」「一歩」
출처 : https://blog.goo.ne.jp/harimaoeight/e/e3ccdf4731a00a4bfeb5f675
ebc82758

第3課

鶴の恩返し
（つるのおんがえし）

第3課

鶴の恩返し
（つるのおんがえし）

　むかしむかし、あるところにおじいさんとおばあさんが住んでいました。ある寒い雪の日、おじいさんは町へたきぎを売りに出かけた帰り、わなにかかっている一羽の鶴をみつけました。おじいさんはとてもかわいそうに思いました。

「じっとしていなさい。今助けてやるからなあ。」

鶴を助けてやると、鶴は山の方に飛んでいきました。

家に帰ると、おじいさんはその話をおばあさんにしました。

すると入口をたたく音がしました。

「だれでしょう。」とおばあさんは扉をあけました。

美しい娘さんがそこに立っていました。

「夜分すみません。雪が激しくて道に迷ってしまいました。どうか一晩ここに泊めてもらえないでしょうか。」

「ごらんの通り貧しくて十分な布団はありませんが、よかったら泊まって いって下さい。」

娘さんはこの言葉に喜びそこに泊まることにしました。

次の日も、また次の日も雪は降り続きました。

娘さんは心優しく二人のために炊事、洗濯、何でもやりました。

子供のいない二人は、わが子のように思いました。

ある日、娘はこう言いました。

「私は綺麗な布をおりたいと思います。糸を買ってきてくれませんか。」

おじいさんはさっそく糸を買って来ました。作業を始めるとき、こう言い ました。

「これから、機をおります。機をおっている間は、決して部屋をのぞかな いでください。」

部屋に閉じこもると一日じゅう機をおり始めました。 次の日も次の日も機 をおり続けました。おじいさんとおばあさんは、機の音を聞いていました。

三日目の夜、音が止むと、一巻きの布を持って娘は出てきました。それは 実に美しく、今まで見たことのない織物でした。

「これは鶴の織物と言うものです。どうか明日町に行って売ってくださ い。そしてもっと糸を買ってきてください。」

次の日、おじいさんは町へ出かけました。

「鶴の織物はいらんかね。」とおじいさんは町を歩きました。とても高いお金で売れたのでおじいさんは糸と他の物を買いました。そして喜びながら家に帰りました。

次の日、娘はまた織物をおりはじめました。

いったいどうやってこんなに美しい布を織っているんだろう……気になってしまったおじいさんとおばあさんは、とうとう部屋を覗いてしまいました。

そこには1羽の鶴がいて、自分の羽を引き抜いて布を作っていたのです。もう体の大部分の羽が抜けてしまっていて、ボロボロの姿になっていました。

そして、「あの日のご恩を返していましたが、正体を知られてしまった以上もうここにはいられません」と言い、泣きながら空へと飛び立っていってしまったのです。

새로운 어휘

- 鶴(つる) 학

- 恩返し(おんがえし) 은혜를 갚음

- 薪(たきぎ) 땔나무, 장작

- 罠(わな) 올가미, 덫

- ─にかかる ─에 걸리다

- みつける 발견하다

- かわいそう 불쌍함

- じっと 가만히

- たたく 치다, 두드리다, 때리다

- 扉(とびら) 문짝(=ドア), (책의) 안 겉장, 속 표지

- 夜分(やぶん) 밤, 밤중(=よる)

- 迷う(まよう) 갈피를 못 잡다, 결단을 내리지 못하(고 망설이)다, 헤매다

- 泊める(とめる)/泊まる(とまる) 멈추다, 세우다, 정지하다, 끊다, 잠그다, 끄다/서다

- 貧しい(まずしい) 가난하다

- 布団(ふとん) 이불

- 喜ぶ(よろこぶ) 즐거워하다, 기뻐하다, 좋아하다

- 炊事(すいじ) 취사

- 布(ぬの) 직물의 총칭, 천

□ おる （옷감·자리 등을)짜다

□ 糸(いと) 실

□ 作業(さぎょう) 작업

□ のぞく 들여다보다

□ 閉じこもる(とじこもる) 틀어박혀 나오지 않다, 두문불출하다

□ 機(はた) 베틀

□ 止む(やむ) 멈추다, 그치다, 멎다

□ 引き抜く(ひきぬく) (잡아)뽑다, 뽑아내다

□ 抜ける(ぬける) 빠지다

□ ボロボロ 물건·천 등이 형편없이 해어진 모양, 너덜너덜함

□ 正体(しょうたい) 정체

□ 飛び立つ(とびたつ) 날아가다, 하늘로 날아오르다

문법&어구

---

1. **〜ている : 〜고 있다**

□ むかしむかし、あるところにおじいさんとおばあさんが<u>住んでいました</u>。
옛날 옛날에 어느 곳에 할아버지와 할머니가 살고 있었습니다.

▶ 地震があった時、私は庭の掃除を<u>していた</u>。
지진이 났을 때 나는 정원 청소를 하고 있었다.

▶ 夕方5時ごろ、ここに車が<u>止まっていた</u>。
저녁 5시경 여기에 차가 서 있었다.

---

2. **〜ていく : 〜어 가다**

□ 鶴を助けてやると、鶴は山の方に<u>飛んでいきました</u>。
학을 구해 주었더니 학은 산 쪽으로 날아갔습니다.

▶ すみません。ちょっと、コンビニに<u>よって行きます</u>。
죄송해요. 잠시 편의점에 들렀다 가겠습니다.

▶ 息子は帰ってくると、急いで階段を<u>上っていった</u>。
아들은 돌아오자 서둘러 계단을 올라갔다.

---

3. **〜てもらう : 〜어 받다, 〜해 주다**

□ どうか一晩ここに<u>泊めてもらえない</u>でしょうか。
제발 하룻밤을 여기서 재워 주면 안될까요?

▶ 友達におすすめの映画を紹介してもらった。

친구가 추천 영화를 소개해 주었다.

▶ お父さんに駅まで迎えに来てもらった。

아버지가 역까지 마중 나와 주었다.

4. 〜つづく/つづける ： 계속 ~하다

☐ 次の日も、また次の日も雪は降り続きました。

다음날도, 또 다음날도 눈은 계속 내렸습니다.

☐ 次の日も次の日も機をおり続けました。

다음 날도 그다음 날도 계속해서 베를 짰습니다.

▶ 強風が吹き続く日々が続いています。

강풍이 부는 날들이 계속되고 있습니다.

▶ 私もここ何年もラーメンをずっと食べ続けていた。

나도 최근 몇 년이나 라면을 계속해서 쭉 먹었다.

5. 〜ないでください ： ~지 말아 주세요

☐ 機をおっている間は、決して部屋をのぞかないでください。

베 짜는 동안에는 절대로 방을 들여다보지 마세요.

▶ ここにゴミを捨てないでください。

여기에 쓰레기를 버리지 마세요.

▶ 映画館の中で写真を撮らないでください。
영화관 안에서 사진을 찍지 말아 주세요.

6. 〜始める : ~기 시작하다

□ 次の日、娘はまた織物をおりはじめました。
다음 날 아가씨는 다시 옷감을 짜기 시작했습니다.

▶ 春が来て、桜が咲き始めました。
봄이 와서 벚꽃이 피기 시작했습니다.

▶ 日本に住み始めたばかりなので、わからないことがたくさんある。
일본에 막 살기 시작해서 모르는 것이 많이 있다.

7. 〜ん: 〜지 않다

□ 「鶴の織物はいらんかね。」とおじいさんは町を歩きました。
"학옷감은 필요없어요?"라고 하며 할아버지는 거리를 걸었습니다.

▶ 速すぎて何が起こったか分からんかった。
너무 빨라서 무엇이 일어났는지 몰랐다.

▶ 大阪弁では、「ん」を使わん日がないくらい非常によく使います。
오사카 사투리에서는 「ん」을 사용하지 않는 날이 없을 정도로 아주 자주 사용합니다.

8.　〜ながら : 〜면서

> そして<u>喜びながら</u>家に帰りました。
>
> 그리고 좋아하면서 집으로 돌아갔습니다.

▶ <u>寝ながら</u>テレビを見る。

　자면서 TV를 본다.

▶ ここは夜景を<u>見ながら</u>飲めるレストランだ。

　여기는 야경을 보면서 마실 수 있는 레스토랑이다.

9.　〜てしまう : 〜해 버리다

> 気になってしまったおじいさんとおばあさんは、とうとう部屋を<u>覗いてしまいました</u>。
>
> 궁금해져 버린 할아버지와 할머니는 결국 방을 들여다보고 말았습니다.

> もう体の大部分の羽が<u>抜けてしまって</u>いて、ボロボロの姿になっていました。
>
> 이미 몸 대부분의 깃털이 빠져 버려서 너덜너덜한 모습이 되어 있었습니다.

▶ ほかの人はみんな<u>行ってしまった</u>。

　다른 사람은 다 가 버렸다.

▶ 見てはいけないものを<u>見てしまった</u>。

　봐서는 안되는 것을 봐 버렸다.

퀴즈

※ 다음 괄호 안에 들어갈 말로 잘못된 것을 모두 고르시오.

① おじいさんは町へたきぎを売りに出かけた帰り、わなに(かかっている)一羽の鶴をみつけました。

② 鶴を助けてやると、鶴は山の方に(飛んでいきました)。

③ (どうぞ)一晩ここに泊めてもらえないでしょうか。

④ 娘さんはこの言葉に喜びそこに泊まる(こと)にしました。

⑤ 娘さんは心優しく二人(をために)炊事、洗濯、何でもやりました。

⑥ これから、機をおります。機をおっている間は、決して部屋を(のぞかなくてください)。

⑦ 三日目の夜、音が(止むと)、一巻きの布を持って娘は出てきました。

⑧ とても高いお金で売れた(ので)おじいさんは糸と他の物を買いました。

⑨ いったい(どうやって)こんなに美しい布を織っているんだろう。

⑩ あの日のご恩を返していましたが、正体を(知れて)しまった以上もうここにはいられません。

▌'은혜 갚은 학'의 교훈

'은혜 갚은 학'은 "할아버지와 할머니의 딸이 되겠다"는 이야기부터 "청년의 며느리가 되겠다", "청년의 며느리가 되어 아이를 낳겠다"는 이야기까지 다양합니다. 니가타(新潟)와 야마가타(山形) 등 북쪽 지방이 발상지로 생각되고 있습니다만 전국에 비슷한 이야기가 있는 것 같습니다.

'은혜 갚은 학'은 일반적으로 "뭔가 좋은 일을 하면 반드시 다른 좋은 일이 나에게 돌아온다"라고 하는 교훈 섞인 이야기라고 생각되기 쉬우나 실제로는 동물을 돕는 상냥함을 가지면서도 '결코 들여다보면 안 된다'는 단 하나의 약속조차 지키지 못하는 어리석음을 겸비한 인간의 복잡한 심리를 나타낸다는 설도 있습니다.

(『日本文化いろは事典』汐文社)

鷺娘(さぎむすめ) 『新形三十六怪撰』
출처 : https://ja.wikipedia.org/wiki/%E9%B7%BA%E5
%A8%98

▌동물 보은담

동물이 인간에게 은혜를 갚는 것을 주제로 한 옛날이야기를 말한다. 인간에게 고난에서 구원받은 동물이 사례로 인간을 돕는다는 줄거리는 옛날이야기에서 인간과

동물이 우정으로 맺어지는 것이 일반적이다. 이 감사하는 동물은 여러 옛날이야기에 나오는데 '학여우' 등 동물을 아내로 삼는 옛날이야기에서도 중요한 요소가 되고 있다. 동물의 감사를 주제로 한 독립된 옛날이야기도 있다. 일본의 늑대 보은은 전형적인 예이다. 사내가 산에서 늑대를 만났는데 늑대가 입을 벌리고 남자를 바라보고 있어서 손을 입안에 넣어 보니 목에 가시가 걸려 있었다. 남자가 뼈를 빼 주었더니 늑대는 한 번 절을 하고는 떠난 뒤 남자의 집으로 산짐승을 가져왔다. 동물과의 선의의 교섭은, 예전에는, 현실의 생활까지는 아닐지라도 신앙적 진실이었으며 분포도 넓고 역사 또한 오래되었다. 조선, 중국, 인도 등 동아시아에서는 호랑이 이야기가 되었고, 인도에서 유럽에 이르기까지 수많은 사자로 변해 있다. 동물 보은담에서 보은의 동기는 보통 단순히 주인에 대한 감사다. 은혜를 갚는 동물은 괴이한 경우가 많다. 절에 사는 너구리가 물끓이는 솥으로 둔갑하여 스님에게 은혜를 갚는다는 '文福(ぶんぶく)茶釜'나, 스님으로 둔갑하여 병든 스님 대신 설법을 했다는 '너구리 스님(狸和尙)'도 이 범주에 속한다. 사원과 동물의 종교적 결합을 보여주는 이야기로, 이 또한 전설로 전해진다. 근세에 사원을 중심으로 널리 알려진 이야기이다.

(動物報恩譚 日本大百科全書(ニッポニカ) 「動物報恩譚」の解説)

▌'보지 마' 금기

　　일본 옛날이야기인 '이류혼인담(異類婚姻譚)'에는 일본인 특유의 자연관 외에 또 하나 중요한 심정이 표현돼 있다. 그것이 '보지 마' 금기다. 민속학자 야나기다 구니오(柳田國男, 1875~1962)는 '모모타로(桃太郎)의 탄생'에서 '鶴女房(つるにょうぼう)'에 대해 다음과 같이 지적하고 있다. 야나기다의 말로는 학이 여자로 변신해 베를 짠다는 모티브는 일찍이 무당이 방에 틀어박혀 제사 옷을 짠 것에서 유래했다는 것이다. 그래서 신성한 베 짜는 집을 들여다보며 베를 짜는 모습을 보는 것이 불운을 자초한다. 그것은 이별로 이어질 만큼 큰 금기였던 것이다. 게다가 학은 예로부터 신성한 새로 믿어졌다. 특히 이 신성한 생물이 여성으로 변한다는 점도 중요한 점이라 하겠다.

(『日本文化の入り口マガジン』馬場紀衣)

さるかに合戦
（さるかにがっせん）

さるかに合戦
（さるかにがっせん）

　むかしむかし、カキの種をひろったサルが、おいしそうなおにぎりを持ったカニに、ばったりと出会いました。

　サルはカニのおにぎりが欲しくなり、カニにずるい事を言いました。

　「このカキの種をまけば、毎年おいしいカキの実がなるよ。どうだい、おにぎりと交換してあげようか？」

「うん、ありがとう」

カニは大喜びで家に帰り、さっそくカキの種をまきました。

そして、せっせと水をやりながら、

♪早く芽を出せ、カキの種

♪早く芽を出せ、カキの種

♪出さねばはさみで、ほじくるぞ

すると、どうでしょう。

さっきまいたカキの種から芽が出てきて、ぐんぐん大きくなりました。

♪早く実がなれ、カキの木よ

♪早く実がなれ、カキの木よ

♪ならねばはさみで、ちょん切るぞ

こんどはカキの木に、たくさんのカキが実りました。

「よし、これでカキが食べられるぞ」

と、カニはカキの実を取りに行こうとしましたが、カニは木登りが出来ません。

「どうしよう？」

困っていると、さっきのサルがやって来て言いました。

「ありゃ、もうカキが実ったのか。よしよし、おいらが代わりにとってやろう」

サルはスルスルと木に登ると、自分だけ赤いカキの実を食べ始めました。

「ずるいよサルさん、わたしにもカキを下さい」

「うるさい、これでもくらえ！」

サルはカニに、まだ青くて固いカキの実をぶつけました。

「いたい、いたい、サルさんずるい」

大けがをしたカニは、泣きながら家に帰りました。

そしてお見舞いに来た友だちの臼(うす→もちをつくる道具)とハチとクリに、その事を話しました。

話しを聞いたみんなは、カンカンに怒りました。

「ようし、みんなであのサルをこらしめてやろう」

みんなはさっそくサルの家に行き、こっそりかくれてサルの帰りを待ちました。

「おお、さむい、さむい」

ふるえながら帰ってきたサルがいろりにあたろうとしたとたん、いろりにかくれていたクリがパチーンとはじけて、サルのお尻にぶつかりました。

「あちちちっ、水だ、水」

お尻を冷やそうと水がめのところへ来ると、水がめにかくれていたハチに
チクチクと刺されました。

「いたいっ、いたいよう、たすけてぇー！」

たまらず外へ逃げ出すと、屋根の上から大きな臼が落ちてきました。

ドスーン！

「わぁー、ごめんなさーい、もう意地悪はしないから、ゆるしてくださー
い！」

それから改心(かいしん)したサルは、みんなと仲良くなりました。

📓 새로운 어휘

- さる 원숭이

- かに 게

- 合戦(がっせん) 싸움

- 種(たね) 종자, 씨

- 拾う(ひろう) (떨어진 것을) 줍다

- おにぎり 주먹밥

- ばったりと 딱(만나다)

- 出会う(であう) 우연히 만나다

- 狡い(ずるい) 교활하다, 능글맞다, 뺀들거리다

- ほしい …하고 싶다, 탐나다

- 撒く(まく) 뿌리다

- 毎年(まいねん、まいとし) 매년, 해마다

- せっせと 열심히, 부지런히

- 実(み) 열매, 과실

- ～がなる ～이 열리다

- 交換する(こうかんする) 교환하다

- 大喜び(おおよろこび) 큰 기쁨, 매우 기뻐하는 것

- そして 그리고.

- 水(みず) 물

- 芽(め) 싹
- 出す(だす) 내다, 안에서 밖으로 옮기다, 내놓다
- はさみ 가위
- ほじくる 파내다
- 痛い(いたい) 아프다, 마음이 쓰리다, 뼈 아프다, 뜨끔하다
- よし 승인·승낙·결의를 나타내고, 또 상대방의 말에 응하여, 알았다는 뜻으로 하는 말, 알았어, 좋아
- こんど 이번, 금번, 이 다음(=このつぎ)
- 困る(こまる) 곤란하다, 괴로움[어려움]을 겪다, 난처하다
- ありゃ 뜻밖에 놀랐을 때에 내는 소리, 어, 아니
- 怪我(けが) 상처, 부상, 잘못, 과실
- うるさい 시끄럽다, 번거롭다, 귀찮다
- 泣く(なく) 울다
- そして 그리고
- 見舞い(みまい) 문안, 문병, 위문
- 臼(うす) 절구, 맷돌
- 懲らしめる(こらしめる) 징계하다, 응징하다, 따끔한 맛을 보이다
- おお 감동·놀람 또는 말을 시작할 때 내는 말, 야, 어
- 震える(ふるえる) 흔들리다, 진동하다
- 尻(しり) 엉덩이, 뒤, 뒤쪽, 끝부분, 꼴찌
- 冷やす(ひやす) 차게 하다, 식히다

문법&어구

1. ~そうな : ~인 듯한, ~것 같은

□ **おいしそうな**おにぎりを持ったカニに、ばったりと出会いました。
먹음직스러운 주먹밥을 가진 게를 딱 만났습니다.

▶ **面白そうな**建物ですね。
재미있어 보이는 건물이네요.

▶ **泣きそうな**顔をしています。
울듯한 얼굴을 하고 있습니다.

2. ~ば : ~면(가정)

□ このカキの種を**まけば**、毎年おいしいカキの実がなるよ。
이 감씨를 뿌리면 해마다 맛있는 감이 열려.

□ **出さねば**はさみで、ほじくるぞ。
안 나오면 가위로 후벼파겠다.

▶ 水は1日どれくらい**飲めば**良いか。
물은 하루 어느 정도 마시면 좋을까?

▶ 仕事ができる人は、3分**話せば**わかる。
일을 잘 하는 사람은 3분 이야기하면 알 수 있다.

3. ～てあげる : ～해 주다

□ どうだい、おにぎりと交換してあげようか？
어때, 주먹밥이랑 교환해줄까?

▶ 妻の代わりに部屋中掃除してあげた。
아내 대신에 온 방을 청소해 주었다.

▶ 妹にかばんを買ってあげた。
여동생에게 가방을 사 주었다.

4. ～られる : ～할 수 있다

□ よし、これでカキが食べられるぞ。
좋아, 이제 감을 먹을 수 있어.

▶ 朝早く起きられる。
아침 일찍 일어날 수 있다.

▶ 朝六時に来られますか。
아침 6시에 올 수 있습니까?

5. 명사형

□ みんなはさっそくサルの家に行き、こっそりかくれてサルの帰りを待ちました。
모두 원숭이 집으로 곧장 가 몰래 숨어서 원숭이가 돌아오기를 기다렸어요.

▶ <u>読み書き</u>が苦手な子どものためです。

　　읽기쓰기를 잘 못하는 아이를 위해서입니다.

▶ <u>お飲み物</u>のサービスをしていない路線。

　　음료 서비스를 하지 않는 노선.

6.　～ようと(する)　：　～하려고(하다)

☐ ふるえながら帰ってきたサルがいろりに<u>あたろうとした</u>とたん、いろりにかくれていたクリがパチーンとはじけて、サルのお尻にぶつかりました。

　　떨면서 돌아온 원숭이가 화로 불을 쬐려고 한 순간, 화로에 숨어 있던 밤이 톡 하고 터지면서 원숭이의 엉덩이에 부딪혔어요.

☐ お尻を<u>冷やそうと</u>水がめのところへ来ると、水がめにかくれていたハチにチクチクと刺されました。

　　엉덩이를 식히려고 물동이 있는 데로 왔더니, 물동이에 숨어 있던 벌에 쿡쿡 쏘였어요.

▶ お風呂に<u>入ろうとしたら</u>、電話が掛かってきた。

　　목욕을 하려고 했더니 전화가 걸려 왔다.

▶ 危ない！赤ちゃんが階段を<u>上ろうとしている</u>。

　　위험해! 아기가 계단을 오르려고 하고 있다.

퀴즈

※ 다음 괄호 안에 들어갈 말로 잘못된 것을 모두 고르시오.

① サルはカニのおにぎり(が)欲しくなり、カニにずるい事を言いました。

② カニは(大喜びに)家に帰り、さっそくカキの種をまきました。

③ さっきまいたカキの種から芽が出てきて、(どんどん)大きくなりました。

④ よし、これでカキが(食べられる)ぞと、カニはカキの実を取りに行こうとしました。

⑤ サルは(スルスルと)木に登ると、自分だけ赤いカキの実を食べ始めました。

⑥ 大けがをしたカニは、(泣きながら)家に帰りました。

⑦ 話しを聞いたみんなは、カンカンに(笑いました)。

⑧ みんなは(さっそく)サルの家に行き、こっそりかくれてサルの帰りを待ちました。

⑨ サルがいろりにあたろうとした(とたん)、クリがサルのお尻にぶつかりました。

⑩ もう意地悪はしない(から)、ゆるしてくださーい！

원숭이 전투의 교훈과 소감!

원숭이가 한 일은 더욱 더 괴로운 것이 되어 원숭이 자신에게 되돌아갔습니다.

좋지 않은 일을 하면 게처럼 누군가 상처를 받을 수도 있고, 벌집처럼 화를 내는 사람도 나타날 수 있습니다.

제멋대로여서 나쁜 짓을 하면 "결국은 난처해지게 되고 말 거야"라는 말씀일 수도 있겠네요.

또한 이 이야기의 대단한 점은 게가 원숭이를 용서했다는 점이라고 생각합니다.

자신에게 상처를 준 상대를 용서한다는 것은 매우 어려운 일입니다.

원숭이가 게의 훌륭한 대응에 대해 틀림없이, 고맙다고 말했을 거라고 생각합니다.

또 하나의 교훈은,

"먹는 것을 던지면 안 돼! 소중히 먹자!(食べものはなげちゃダメだよ！だいじに食べようね！)"라는 것입니다.

Kakuzo Fujiyama
출처 : https://ja.wikipedia.org/wiki/%E3%81%95%E3%82
%8B%E3%81%8B%E3%81%AB%E5%90%88
%E6%88%A6

第5課

花咲かじいさん
（はなさかじいさん）

花咲かじいさん
（はなさかじいさん）

　むかしむかし、あるところに、おじいさんとおばあさんが住んでいました。

　二人は子どもがいなかったので、シロというイヌをとても可愛がっていました。

　ある日、シロが畑でほえました。

　「ここほれワンワン、ここほれワンワン」

　「おや？　ここをほれと言っているのか。よしよし、ほってやろう」

　おじいさんがほってみると、

　「ややっ、これはすごい！」

　なんと、地面の中から大判小判がザクザクと出てきたのです。

　この話を聞いた、となりの欲張りじいさんが、

　「わしも、大判小判を手に入れる。おめえのシロを、わしに貸してくれや」

欲張りじいさんは、シロを無理矢理畑に連れて行きました。

そして、嫌がるシロがキャンキャンないたところをほってみると、くさいゴミがたくさん出てきました。

「この役立たずのイヌめ！」

怒った欲張りじいさんは、なんと、シロを殴り殺してしまったのです。

シロを殺されたおじいさんとおばあさんは、なくなくシロを畑にうめてやると、棒(ぼう)を立ててお墓を作りました。

次の日、おじいさんとおばあさんがシロのお墓参りに畑へ行ってみると、シロのお墓の棒が一晩のうちに大木になっていたのです。

おじいさんとおばあさんは、その木で臼を作って、おもちをつきました。

すると不思議な事に、もちの中から宝物がたくさん出てきました。

それを聞いた、欲張りじいさんは、

「わしも、もちをついて宝を手に入れる。おめえの臼を、わしに貸してくれや」

と、臼を無理矢理借りると、自分の家でもちをついてみました。

しかし出てくるのは石ころばかりで、宝物は出てきません。

「いまいましい臼め！」

怒った欲ばりじいさんは臼をオノでたたき割ると、焼いて灰にしてしまいました。

　大切な臼を焼かれたおじいさんは、せめて灰だけでもと、臼を焼いた灰をザルに入れて持ち帰ろうとしました。

　その時、灰が風に飛ばされて、枯れ木にフワリとかかりました。

　すると、どうでしょう。

　灰のかかった枯れ木に、満開の花が咲いたのです。

　おじいさんは、うれしくなって次々に灰をまいて、枯れ木に美しい花を咲かせました。

　ちょうどそこへ、お城のお殿さまが通りかかりました。

　お殿さまはたいそう喜んで、おじいさんにたくさんのほうびをあげました。

　それを見ていた欲張りじいさんが、無理矢理に灰を取り上げると、殿さまの前でたくさん花を咲かせようと、灰をいっせいにまきました。

　すると灰がお殿さまの目に入って、欲張りじいさんはお殿さまの家来にさんざん殴られたということです。

새로운 어휘

- こども(子ども・子供) 아이

- イヌ 개

- とても 대단히, 매우, 몹시

- 可愛がる(かわいがる) 귀여워하다

- 畑(はたけ) 밭

- ほえる 짖다

- ほる 파다, 구멍을 뚫다, 캐다

- おや 뜻밖의 일에 부딪치거나 또는 의문이 생겼을 때 내는 소리: 아니, 어머나, 이런, 저런

- 何と(なんと) 'なにと'의 음편(音便), 어떻게. 얼마나, 대단히, 참

- 地面(じめん) 땅, 토지

- 大判(おおばん) (室町 말기에서 江戸 말기까지 통용된) 타원형의 큰 금화, 은화((한 개는 小判 열 개에 해당함), ↔小判(こばん)

- 小判(こばん) 天正(=1573-1592년의 연호) 시대로부터 江戸 시대에 걸쳐 만든 타원형의 금화(한 개가 '一両')

- ザクザク 돈·재물 따위가 많은 모양, 지천으로, 얼마든지

- となり(隣・鄰) 이웃, 옆, 이웃집

- 欲張り(よくばり) 욕심이 많음, 욕심꾸러기, 욕심쟁이

- おめえ 「おまえ」의 거친 표현

- □ わし 나

- □ 貸す(かす) 빌려주다

- □ 無理矢理(むりやり) 억지로 강행하려는 모양, 무리하게

- □ くれる 주다, (남이 호의·친절에서 물건을 이쪽으로) 주다

- □ 嫌がる(いやがる) 싫어하다

- □ くさい 고약한 냄새가 나다, 구리다

- □ ゴミ 쓰레기

- □ 役立たず(やくたたず) 쓸모가 없음, 또, 그 모양[사람, 것]

- □ 怒る(おこる) 성내다, 화내다, 노하다

- □ 殴り殺す(なぐりころす) 때려죽이다

- □ うめる 묻다

- □ 棒(ぼう) 막대기

- □ 立てる(たてる) 세우다

- □ お墓(おはか) 무덤, お墓参り(おはかまいり) 성묘

- □ 宝物(たからもの) 보물

- □ 石ころ(いしころ) 돌멩이, 자갈, 잔돌

- □ いまいましい(忌忌しい) 분하다, 화가 치밀다, 지긋지긋하다

- □ オノ 도끼

- □ たたき割る(たたきわる) 때려 부수다

- □ 焼く(やく) 태우다, 애태우다

□ 灰(はい)　재

□ 飛ぶ(とぶ)　날다

□ 枯れ木(かれき)　마른나무

□ フワリと　가볍게 뛰어오르는[떨어지는] 모양, 살짝, 사뿐(=ふんわり)

□ 次々に(つぎつぎに)　차례차례

□ お城(おしろ)　성

□ お殿さま(おとのさま)　영주님

□ 通りかかる(とおりかかる)　(우연히 그 곳을) 지나가다, 마침 지나가다

□ ほうび　상

□ 取り上げる(とりあげる)　집어 들다, 들어 올리다, 빼앗다, 거둬들이다

□ いっせい　일제히

□ 家来(けらい)　부하

□ さんざん　몹시 심한 모양, 아주 나쁜 모양, 호되게 경을 치는 모양

문법&어구

---

1. ~**ので** ： ~때문에, ~어서

☐ 二人は子どもが<u>いなかったので</u>、シロというイヌをとても可愛がっていました。

두 사람은 아이가 없었기 때문에 흰둥이라는 개를 매우 귀여워하고 있었습니다.

▶ 頭が<u>痛いので</u>、帰ってもいいですか。

머리가 아파서 돌아가도 됩니까?

▶ 熱が<u>あるので</u>、今日は学校を休みます。

열이 있어서 오늘은 학교를 쉬겠습니다.

---

2. ~**がる** ： ~하게 여기다, ~어하다

☐ そして、<u>嫌がる</u>シロがキャンキャンないたところをほってみると、くさいゴミがたくさん出てきました。

그리고 싫어하는 흰둥이가 낑낑 운 곳을 파보니, 냄새나는 쓰레기가 많이 나왔습니다.

▶ 女性はなぜあんなにも<u>寒がる</u>のですか？

여성은 왜 그렇게나 추워하는 것입니까?

▶ 彼は死ぬことを<u>怖がっている</u>。

그는 죽는 것을 무서워하고 있다.

72

3. なくなく : 울면서(=なきなき), 할[어쩔]수 없이

□ シロを殺されたおじいさんとおばあさんは、なくなくシロを畑にうめて
やると、

흰둥이를 살해당한 할아버지와 할머니는 울며 겨자 먹기로 흰둥이를 밭에 파묻어주자,

▶ 泣く泣く恋人と別れる。

울면서 연인과 헤어지다.

▶ 泣く泣くカットされたシーンですね。

어쩔 수 없이 잘린 신이네요.

4. 〜を〜られる : 〜를〜지다(수동표현)

□ 大切な臼を焼かれたおじいさんは、せめて灰だけでもと、臼を焼いた
灰をザルに入れて持ち帰ろうとしました。

소중한 절구를 태운 할아버지는 그런대로 재만이라도 하며 절구 태운 재를 소쿠리에
넣어 가지고 가려고 했습니다.

▶ 毎日書いている日記を友だちに見られた。

매일 쓰는 일기를 친구가 보았습니다.

▶ 私はあの鞄を盗まれました。

나는 그 가방을 도둑맞았습니다.

5. **〜させる : 〜하게 하다**

□ おじいさんは、うれしくなって次々に灰をまいて、枯れ木に美しい花を咲かせました。

할아버지는 기뻐서 차례차례 재를 뿌리고, 마른 나무에 아름다운 꽃을 피웠습니다.

▶ 母は私を買い物に行かせた。

어머니는 나를 물건 사러 가게 했다.

▶ 風が入ってきて寒いので、友達に窓を閉めさせた。

바람이 들어와 추워서 친구에게 창문을 닫게 했다.

6. **〜ということだ : 〜라는 것이다/ 〜라고 한다**

□ すると灰がお殿さまの目に入って、欲張りじいさんはお殿さまの家来にさんざん殴られたということです。

그러자 재가 영주님의 눈에 들어가서 욕심쟁이 영감은 영주님의 신하에게 호되게 얻어맞았다고 합니다.

▶ ニュースによると、明日は雨が降るということだ。

뉴스에 의하면 내일은 비가 온다고 한다.

▶ 彼は先月受けた試験に合格したということだ。

그는 지난달 본 시험에 합격했다고 한다.

퀴즈

※ 다음 괄호 안에 들어갈 말로 잘못된 것을 모두 고르시오.

① 二人は子どもがいなかったので、シロというイヌをとても(可愛かって)いました。

② なんと、地面の中から大判小判が(ザクザクと)出てきたのです。

③ おじいさんは、せめて灰(だけでも)と、臼を焼いた灰をザルに入れて持ち帰ろうとしました。

④ シロを殺されたおじいさんとおばあさんは、(なけなけ)シロを畑にうめてやりました。

⑤ 次の日、おじいさんとおばあさんがシロのお墓(参りに)畑へ行ってみたのです。

⑥ わしも、もちを(ついて)宝を手に入れる。おめえの臼を、わしに貸してくれや。

⑦ その時、灰が風に(飛ばれて)、枯れ木にフワリとかかりました。

⑧ おじいさんは、うれしくなって次々に灰をまいて、枯れ木に美しい花を(咲かせました)。

⑨ お殿さまはたいそう喜んで、おじいさんに(たくさんの)ほうびをあげました。

⑩ 灰がお殿さまの目に入って、欲張りじいさんはお殿さまの家来に(さんざん)殴られた。

▌'꽃 피우는 할아버지(花咲かじいさん)'의 개는 무슨 종?

일본 개의 대표는 시바견(柴犬)으로, 이 시바견을 모델로 만들어진 옛날이야기들이 많습니다.

시바견은 일본의 풍토에 익숙해지기 쉽고, 체고(몸높이)가 낮고 몸집이 작기 때문에 조몬 시대(繩文時代 : 기원전 13000년경부터 기원전 300년경까지 존재한 일본의 선사 시대)부터 일본인의 좋은 파트너로서 살아왔습니다.

옛날이야기에 등장하는 시바견은 시바견의 좋은 성격을 잘 말해 주고 있습니다.

주인에게 충성심이 있고, 총명하며, 애교가 있고, 자신만만하며 두려움도 없습니다. 또한 공격적이고 경계심이 강한 면 등 다양합니다.

다시 말해 주인과 유대 관계가 강하다고 할 수 있습니다.

Kakuzo Fujiyama
출처 : https://ja.wikipedia.org/wiki/%E8%8A%B1
　　　%E5%92%B2%E3%81%8B%E7%88%BA#/media/
　　　%E3%83%95%E3%82%A1%E3%82%A4%E3%83
　　　%AB:Japanese Fairy Book-Ozaki-178.png

▌ "꽃 피우는 할아버지(花咲かじいさん)'의 개 이름

'꽃 피우는 할아버지'는 일본 각지에 전해지는 옛날이야기를 소재로 한 작품입니다. 착한 할아버지가 보물 같은 강아지를 키우는 데 중점을 둔 이야기로, 개 자체에는 원래 이름이 없었는데 '시로(흰둥이)'라고 하다가 메이지(明治) 이후에 「뒷밭에서 포치가 운다♪」라는 노래가 만들어졌고 이후 '포치'라는 이름이 주류를 이뤘습니다. 그러나 최근 그림책에 나오는 강아지 이름은 모두 '시로'입니다.

개에 이름이 붙은 것은 아마도 이야기할 때 친근함을 강조하는 수단으로, '시로(흰둥이)'냐 '포치'냐는 그다지 중요하지 않다고 생각합니다. 다만 최근에 '포치'의 어원이, 프랑스어 쁘띠(PETIT)의 작고, 귀엽다고 하는 의미의 사투리 표현이라는 의견이 있습니다.

Kakuzo Fujiyama
출처 : https://ja.wikipedia.org/wiki/%E8%8A%
B1%E5%92%B2%E3%81%8B%E7%88%BA
#/media/%E3%83%95%E3%82%A1%E3%82
%A4%E3%83%AB:Japanese_Fairy_Book_-_
Ozaki-183.png

おむすびころりん

おむすびころりん

　むかしむかし、木こりのおじいさんは、お昼になったので、切りかぶに腰をかけて、お弁当を食べることにしました。

　「うちのおばあさんがにぎってくれたおむすびは、まったくおいしいからな」

　ひとりごとをいいながら、タケの皮の包みを広げたときです。

　コロリンと、おむすびが一つ地面に落ちて、コロコロと、そばの穴へころがりこんでしまいました。

　「おやおや、もったいないことをした」

　おじいさんが穴をのぞいてみますと、深い穴の中から、こんな歌が聞こえてきました。

　♪おむすびコロリン　コロコロリン。

　♪コロリンころげて　穴の中。

「ふしぎだなあ。だれが歌っているんだろう？」

こんなきれいな歌声は、今まで聞いたことがありません。

「どれ、もう一つ」

おじいさんは、おむすびをもう一つ、穴の中へ落としてみました。

するとすぐに、歌が返ってきました。

♪おむすびコロリン　コロコロリン。

♪コロリンころげて　穴の中。

「これは、おもしろい」

おじいさんは、すっかりうれしくなって、自分は一つも食べずに、おむす

びをぜんぶ穴へ入れてしまいました。

　つぎの日、おじいさんは、きのうよりももっとたくさんのおむすびをつくってもらって、山へ登っていきました。

　お昼になるのを待って、コロリン、コロリンと、おむすびを穴へ入れてやりました。

　そのたびに、穴の中からは、きのうと同じかわいい歌が聞こえました。

　「やれやれ、おむすびがおしまいになってしまった。だけど、もっと聞きたいなあ。・・・そうだ、穴の中へ入って、たのんでみることにしよう」

　おじいさんは、おむすびのようにコロコロころがりながら、穴の中へ入っていきました。

　するとそこには、かぞえきれないほどの、おおぜいのネズミたちがいたのです。

　「ようこそ、おじいさん。おいしいおむすびをたくさん、ごちそうさま」

　ネズミたちは、小さな頭をさげて、おじいさんにお礼をいいました。

　「さあ、今度はわたしたちが、お礼におもちをついてごちそうしますよ」

　ネズミたちは、うすときねを持ち出してきて、

　♪ペッタン　ネズミの　おもちつき。

　♪ペッタン　ペッタン　穴の中。

と、歌いながら、もちつきを始めました。

「これはおいしいおもちだ。歌もおもちも、天下一品」

おじいさんはごちそうになったうえに、ほしい物をなんでも出してくれるという、打ち出の小づちをおみやげにもらって帰りました。

「おばあさんや、おまえ、なにがほしい？」

と、おじいさんは聞きました。

「そうですねえ。いろいろとほしい物はありますけれど、かわいいあかちゃんがもらえたら、どんなにいいでしょうねえ」

と、おばあさんは答えました。

「よし、やってみよう」

おじいさんが、小づちをひとふりしただけで、おばあさんのひざの上には、もうあかちゃんがのっていました。

もちろん、ちゃんとした人間のあかちゃんです。

おじいさんとおばあさんはあかちゃんを育てながら、仲よく楽しくくらしましたとさ。

새로운 어휘

☐ **おむすび**　주먹밥(('むすび'의 공손한 말)), (=おにぎり)

☐ **ころりん**　데굴데굴

☐ **木こり(きこり)**　나무를 벰, 나무꾼, 벌목꾼

☐ **切りかぶ(きりかぶ)**　나무 그루터기

☐ **腰(こし)**　허리　ーをかける 앉다

☐ **にぎる**　쥐다

☐ **まったく**　아주

☐ **ひとりごと**　혼잣말　ーをいう ーを 하다

☐ **タケ**　대나무

☐ **皮(かわ)**　껍질, 가죽, 표면,

☐ **包み(つつみ)**　꾸러미, 포장

☐ **広げる(ひろげる)**　넓히다, 펼치다

☐ **地面(じめん)**　지면, 땅

☐ **落ちる(おちる)**　떨어지다

☐ **そば**　메밀국수

☐ **穴(あな)**　구멍

☐ **ころがりこむ**　굴러 들어오다

☐ **もったいない**　아깝다

- □ 深い(ふかい) 깊다

- □ ふしぎな 이상한

- □ 歌う(うたう) 노래하다

- □ 返る(かえる) 되돌아오(가)다

- □ 登る(のぼる) 오르다

- □ かぞえきれない 헤아릴 수 없다

- □ 頭(あたま) 머리, ─をさげる ─를 숙이다

- □ おもちをつく 떡을 치다

- □ きね 절굿공이

- □ 持ち出す(もちだす) 끄집어내다

- □ 打ち出の小づち(うちでのこづち) 요술망치, 도깨비망치

- □ おみやげ 선물

- □ 答える(こたえる) 대답하다

- □ 一振り(ひとふり) 한 번 휘두름

- □ ひざ 무릎

- □ さ 가벼운 다짐이나 주장을 나타냄, ─말이야, ─지

문법&어구

1. ～こむ : 안에 들어가다

□　コロリンと、おむすびが一つ地面に落ちて、コロコロと、そばの穴へ
　　<u>ころがりこんで</u>しまいました。

데구르르 주먹밥 한 개가 바닥에 떨어져 데굴데굴 옆 구멍으로 굴러 들어가 버렸습니다.

▶　子供達は次々にプールの中へ<u>飛び込んだ</u>。
　　아이들은 차례차례 풀 속으로 뛰어들었다.

▶　誤ってガムを<u>飲み込んで</u>しまった。
　　실수로 껌을 삼켜 버렸다.

2. ～ん : ～の(것)의 축약

□　「ふしぎだなあ。だれが歌っている<u>ん</u>だろう？」
　　"신기하네. 누가 노래하는 걸까?"

▶　どうして遅れた<u>ん</u>ですか。
　　왜 늦으셨어요?

▶　ちょっとお話がある<u>ん</u>ですが、今よろしいですか。
　　잠깐 얘기할 게 있는데 지금 괜찮으세요?

▶　テレビの音が大きい<u>の</u>ですが、音を小さくしていただけませんか。
　　텔레비전 소리가 큰데 소리를 줄여 줄 수 없습니까?

3. 　～ことがある : ～적이 있다

□ こんなきれいな歌声は、今まで聞いたことがありません。

이렇게 예쁜 노랫소리는 여태껏 들어본 적이 없어요.

▶ 私は子供の時、アメリカに住んだことがあります。

저는 어릴 때, 미국에서 산 적이 있어요.

▶ 東京タワーはテレビでしか見たことがありません。

도쿄타워는 TV로 밖에 본적이 없습니다.

4. 　～たい : ～고 싶다

□ やれやれ、おむすびがおしまいになってしまった。だけど、もっと聞きたいなあ。

아이고, 우리 주먹밥이 다 끝났네. 하지만 좀 더 듣고 싶네.

▶ 日本語をもっと勉強したいです。

일본어를 더 공부하고 싶습니다.

▶ 今日は家で休みたいです。

오늘은 집에서 쉬고 싶어요.

5. 　～きれない : 다～할 수 없다

□ するとそこには、かぞえきれないほどの、おおぜいのネズミたちがいたのです。

그러자 거기에는 셀 수 없을 정도로 많은 생쥐들이 있었습니다.

▶ 到底食べ切れない量を注文してしまった。

도저히 다 먹을 수 없는 양을 주문해 버렸다.

▶ 私はそれが楽しみで待ちきれない。

그게 너무 기대돼서 난 더 이상 기다릴 수가 없다.

6. ～うえに ： ～(ㄴ)데다가

□ おじいさんはごちそうになったうえに、ほしい物をなんでも出してくれるという、打ち出の小づちをおみやげにもらって帰りました。

할아버지는 진수성찬을 받은 데다가 원하는 것을 무엇이든 내어 준다는 요술방망이를 선물로 받아 돌아갔습니다.

▶ 今日は寒い上に風が強い。

오늘은 추운데다가 바람이 세다.

▶ 着ていく服がない上に出かける気にもなれない。

입고 갈 옷이 없는 데다가 나갈 엄두도 나지 않아.

7. ～ほしい ： ～하고 싶다, 탐나다

□ 「おばあさんや、おまえ、なにがほしい？」と、おじいさんは聞きました。

"할멈, 당신 뭐 갖고 싶어?"하고 할아버지가 물었습니다.

▶ わたしは今コンピューターがほしいです。

나는 컴퓨터를 지금 갖고 싶습니다.

▶ あのう、赤いボールペンがほしいんですが。

저, 빨간 볼펜을 사고 싶은데요.

퀴즈

※ 다음 괄호 안에 들어갈 말로 잘못된 것을 모두 고르시오.

① うちのおばあさんがにぎってくれたおむすびは、(まったく)おいしいからな。

② おむすびが一つ地面に落ちて、コロコロと、そばの穴へ(ころがりとんで)しまいまた。

③ おじいさんは、(すっかり)うれしくなって、おむすびをぜんぶ穴へ入れてしまいました。

④ きのうよりも(もっと)たくさんのおむすびをつくってもらって、山へ登っていきました。

⑤ やれやれ、おむすびがおしまいになってしまった。(だけど)、もっと聞きたいなあ。

⑥ するとそこには、(かぞえしれない)ほどの、おおぜいのネズミたちがいたのです。

⑦ ネズミたちは、小さな頭を(さげて)、おじいさんにお礼をいいました。

⑧ おじいさんはごちそうになった(うえに)、打ち出の小づちをおみやげにもらって帰りました。

⑨ かわいいあかちゃんがもらえたら、(いくら)いいでしょうねえ

⑩ おじいさんとおばあさんはあかちゃんを育てながら、(仲よく)楽しくくらしましたとさ。

정답 : ⑦,⑥,⑨

90

쉬어가기

■ '데굴데굴 주먹밥(おむすびころりん)'의 다양한 스토리

'데굴데굴 주먹밥'에는 다양한 스토리가 있는데, 옛 정통파 '오무스비코로린-일본 옛날이야기(おむすびころりん―日本昔話)'(1967년, 해성사)는 욕심 많은 할아버지가 주먹밥을 굴려 구멍으로 들어가는데 쥐가 싫어하는 고양이 울음소리를 내는 바람에 구멍 안은 캄캄해진다. 어두운 구덩이에서 흙을 파며 집에 돌아오자 할아버지를 두더지로 착각한 옆집 할머니가 몽둥이로 때려 곤욕을 치르는 것으로 끝나는 것이 옛날이야기의 패턴이다.

최근에는 대부분, 개심했다, 회개했다고 하는 것으로 끝나는 경향이 있는데 '나머지는 아이가 생각한다'는 여지가 있기 때문이다. 「심한 일을 당해 개심했다」에서는, 어른의 모럴이 강요되고 있다.

■ 일본인의 이계관(異界觀)

'이계(異界, いかい)'라는 단어는 옛날 일본인들이 이 세상을 어떻게 이해하고 있었는지를 잘 보여주는 단어 가운데 하나이다. 우리말의 '이향, 타계' 등의 의미와 비슷하지만, 한국어와의 가장 큰 차이는 시공간의 개념이다. 예를 들어 우리말 '이향, 타계'는 보통 살아서는 도달할 수 없는 세상, 달리 말해 현실과 시공간의 단절이 전제된 세계를 의미하는 경우가 많다. 이에 비해 일본어의 '異界(いかい)'는 현재 살고 있는 세상과 나란히 존재하는 또 하나의 세계라는 의미를 갖는다. 즉 옛날 일본인들은 현실의 시공간 어딘가에 이계가 있으며 때로는 우연한 기회에 이계를 방문할 수도 있다고 믿었다. 이러한 이계는 보통 마을을 벗어난 산이나 강어귀, 다리, 동굴 등과 같은 경계 지점을 통과하면 맞닥뜨리게 되곤 한다.

예를 들어 옛날이야기 'おむすびころりん'의 나무꾼 할아버지는 산 속에서 실수로 떨어트린 주먹밥을 쫓아가다 커다란 구멍으로 굴러들어가 그곳에 자리한 쥐(ねずみ) 나라에서 융숭한 대접을 받고 돌아온다. 또 다른 옛날이야기 '不思議な岩穴'에는 소를 부려 밭갈이를 하던 남자가 잠시 바위에 기대에 쉬고 있던 중, 갑자기 소와 함께 바위 속으로 끌려들어간다는 줄거리. 과연 바위 안은 넓디넓은 밭이 펼쳐지

는 또 다른 세상으로, 남자는 이곳에서 만난 사람에게 소를 빌려준 대가로 많은 금은 보화를 받아 부자가 된다.

이러한 전통적인 일본인의 이계관은 오늘날 소설이나 애니메이션 등, 다양한 문화 콘텐츠에도 찾아볼 수 있다. 예를 들어 무라카미하루키(村上春樹)는 전근대 일본인의 이계관을 종종 스토리텔링의 밑그림으로 삼는데, 그의 소설에는 우연히 들어가게 된 마른 우물(『기사단장 죽이기』)이나 엘리베이터에는 표시되지 않은 건물 층수의 복도 끝(『양을 둘러싼 모험』) 등이 이계로 통하는 입구로 등장한다. 애니메이션 '센과 치히로의 행방불명(千と千尋の神隠し)'의 아부라야(油屋)는 길을 잃고 들어간 터널 너머에 존재하는 이계로 이곳은 인간만이 아니라 수많은 신(八百万の神)들이 밤마다 배를 타고 도달하는 이계, 곧 인간과 신이 교류하는 이상향을 의미한다. 또한 '너의 이름은.(君の名は。)' 속에서 미야미즈 신사의 신체(宮水神社のご神体)를 모신 곳 역시 산 속 냇가로 둘러싸인 이계의 상징이기에 이곳에서 두 남녀 주인공이 시간을 거슬러 만날 수 있었던 것이다.

(이용미(2010) '센과 치히로의 행방불명에 나타난 유곽의 메타포' [일어일문학연구],
이용미(2019) "너의 이름은.'에 나타난 젠더시스템 고찰' [일어일문학연구])

葛飾北斎 『北斎漫画』 より 「家久連里」
출처 : https://ja.wikipedia.org/wiki/%E9%9A%A0%E3%82%8C%E9
%87%8C#/media/%E3%83%95%E3%82%A1%E3%82%A4%
E3%83%AB:Hokusai_Kakurezato.jpg

▌옛날이야기로 보는 서양과 일본의 자연관의 차이

　서양에서 인간과 동물의 세계는 뚜렷이 구분돼 있다. 거기에는, 빈틈없는 상하 관계가 있다. 한편, 일본은 인간과 인간 이외의 생물의 관계가 가까운 곳에 있다.

　옛날이야기의 주인공은 인간 이외의 생물의 세계에 자주 나가고(「코부토리 할아버지(こぶとり爺さん)」), 다른 세계에서 물건을 가지고 돌아가는 일도 있다(「우라시마타로(浦島太郎)」). 때로는 다른 세계와 관계를 가짐으로써 주인공이 행복을 얻거나 풍요로운 삶을 누리는 일이 있음을 상기하면 좋겠다(『쥐의 정토(ネズミ浄土)』). 그리고 그 일은 결코 나쁜 일이나 혐오스러운 일로 묘사되지 않았다. 일본에서는 인간과 인간 이외의 생물이 같은 세계에 함께 살고 있는 것이 자연스럽게 받아들여지는 경향이 있는 것인지도 모른다. 옛날이야기는 전설이나 신화와는 다르므로 신앙이나 종교적인 것은 아니지만 그 나라에 몇대에 걸쳐 구전되어 온 것을 생각하면, 일본인의 자연관이 나타나 있어도 이상할 것은 없을 것이다.

(『日本文化の入り口マガジン』馬場紀衣)

暁齋書 新板大黒天福引之圖
출처 : 国立国会図書館 デジタルコレクション, https://dl.ndl.go.jp/info:ndljp/pid/9369452

一寸法師
（いっすんぼうし）

第7課

一寸法師
（いっすんぼうし）

　むかしむかし、あるところに、おじいさんとおばあさんが住んでいました。

　二人には子どもがいなかったので、おじいさんとおばあさんは神さまにお願いしました。

　「神さま、親指くらいの小さい小さい子どもでもけっこうです。どうぞ、わたしたちに子どもをさずけてください」

　すると本当に、小さな小さな子どもが生まれたのです。

　ちょうど、おじいさんの親指くらいの男の子です。

　二人はさっそく、一寸法師という名前をつけてやりました。

　ある日の事、一寸法師はおじいさんとおばあさんに、こんな事を言いました。

　「わたしも都へ行って、働きたいと思います。どうぞ、旅の支度をしてください」

　そこでおじいさんは一本の針で、一寸法師にちょうどピッタリの大きさの刀をつくってやりました。

　おばあさんはおわんを川に浮かべて、一寸法師の乗る舟をつくってやりました。

　「ほら、この針の刀をお持ち」

　「ほら、このおはしで舟をこいでおいで」

　「はい。では、行ってまいります」

　一寸法師は上手におわんの舟をこぐと、都へと出かけました。

　そして都に着くと、一寸法師は都で一番立派な家をたずねていきました。

　「たのもう、たのもう」

出て来た手伝いの人は、首をかしげました。

「おや、誰もいないねえ」

「ここだよ、ここ」

手伝いの人は玄関のげたの下に立っている、小さな一寸法師をやっと見つけました。

そして一寸法師は、その家のお姫さまのお守り役になったのです。

ある日の事、一寸法師はお姫さまのお供をして、お寺にお参りに行きました。

するとその帰り道、突然、二匹の鬼が現れたのです。

鬼はお姫さまを見ると、さらおうとしました。

一寸法師はおじいさんにもらった針の刀を抜くと、鬼に飛びかかりました。

ところが、鬼は一寸法師をヒョイとつまみあげると、パクリと丸のみにしてしまいました。

鬼のお腹の中は、まっ暗です。

一寸法師は針の刀を振り回して、お腹の中を刺してまわりました。

これには、鬼もまいりました。

「いっ、いっ、痛たたた！」

困った鬼は、あわてて一寸法師を吐き出しました。

「よし、今度はわしが、ひねりつぶしてやるわ！」

もう一匹の鬼が言いましたが、一寸法師は針の刀をかまえると、今度はその鬼の目の中へ飛び込んだものですから、鬼はビックリです。

「たっ、たっ、助けてくれー！」

二匹の鬼は、泣きながら逃げ出してしまいました。

鬼が行ってしまったあとに、不思議な物が落ちていました。

「まあ、これは打ち出の小づちという物ですよ。トントンとふると、何でも好きな物が出てくるのです」

そこで一寸法師は、お姫さまに頼みました。

「わたしの背がのびるように『背出ろ、背出ろ』と、そう言ってふってください」

お姫さまは喜んで、打ち出の小づちをふりました。

「背出ろ、背出ろ」

すると一寸法師の背は、ふればふっただけグングンとのびて、誰にも負けない立派な男の人になりました。

そして一寸法師はお姫さまと結婚して、仕事もがんばり、大変出世したということです。

🔲 새로운 어휘

□ 一寸(いっすん) 한 치, 짧은 거리, 짧은 시간, 잠깐

□ 法師(ほうし) 승려, ~ぼうし의 꼴로 그런 상태에 있는 사람·사물을 가리킴

□ 神(かみ) 신

□ 親指(おやゆび) 엄지손가락

□ けっこう 훌륭함, 좋음, 더할 나위 없음, 만족스러움, 다행임, 그런대로, 제법, 충분히

□ さずける 내려주다

□ 名前をつける(なまえをつける) 이름을 짓다

□ 都(みやこ) 수도, 도시

□ 働く(はたらく) 일하다

□ 旅(たび) 여행

□ 支度(したく) 준비

□ 針(はり) 침, 바늘

□ ピッタリ 딱(맞음)

□ 刀(かたな) 큰칼, 검

□ おわん （밥)공기

□ 浮かべる(うかべる) 띄우다

□ こぐ 젓다

□ たずねる 방문하다

□ **たのむ** 부탁하다

□ **手伝い(てつだい)** 도와[거들어]줌, 심부름(함) 또, 그 사람

□ **首(くび)** 목

□ **かしげる** 기울이다, 갸웃하다

□ **守り(まもり)** 지킴, 방비, 단속, 수호, 수비

□ **お供(おとも)** 모시고 따라감, 또는 그 사람

□ **一をする** 따라가다

□ **お寺(てら)** 절

□ **突然(とつぜん)** 갑자기

□ **現れる(あらわれる)** 나타나다

□ **さらう** 채다, 날치기하다, 휩쓸다, 독차지하다

□ **抜く(ぬく)** 빼다, 뽑다

□ **飛びかかる(とびかかる)** 대들다, 덤벼들다, 덤비다

□ **ヒョイと** 뜻밖에, 갑자기, 문득, 가볍게, 훌쩍

□ **つまみあげる** 집어올리다

□ **パクリと** 입을 크게 벌리고 먹는 모양

□ **丸のみ(まるのみ)** 통째로 삼킴

□ **振り回す(ふりまわす)** 휘두르다, 휘휘 돌리다

□ **刺す(さす)** 찌르다

□ **あわてる** 당황하다

□ 吐き出す(はきだす) 뱉어내다, 토해내다

□ ひねりつぶす 문질러 짜부러뜨리다, 사람을 간단히 해치우다

□ かまえる 자세를 취하다

□ 背(せ) 등, 키

□ のびる 펴지다, 자라다, 발전하다, 증가하다

□ 負ける(まける) 지다

□ がんばる 분발하다

📋 문법&어구

1. **ほら** : 이봐, 얘, 자(주위 환기 시 사용)

> ☐ 「**ほら**、このおはしで舟をこいでおいで」
> "자, 이 젓가락으로 배를 저어 가거라"

> ▶ **ほら** あめだ！。
> 봐, 비 와!

> ▶ **ほら**、ここにいるよ。
> 자, 여기에 있어.

2. **〜ね** : 〜네, 군(가벼운 감동이나 동의, 다짐)

> ☐ 「おや、誰もいない**ねえ**」
> "아니, 아무도 없네"

> ▶ まだ雪が積もってる**ね**。
> 아직 눈이 쌓여 있네.

> ▶ あっ、じゃ、撮りましょう**ね**。
> 아, 그럼 찍을게요.

3. **〜よ** : 〜요, 〜라(명령, 주장, 부탁, 권유 등에 사용)

> ☐ 「ここだ**よ**、ここ」
> "여기야, 여기"

▶ 全然大丈夫だ**よ**。
전혀 괜찮아.

▶ 私も行きます**よ**。
나도 가요.

4. 〜匹 ： 〜마리

□ するとその帰り道、突然、<u>二匹</u>の鬼が現れたのです。
그러자 돌아오는 길에 갑자기 두 마리의 도깨비가 나타났습니다.

▶ 愛犬<u>2匹</u>が精神的に支えてくれたといいます。
애견 2마리가 정신적으로 지탱해 주었다고 합니다.

▶ 猫が<u>3匹</u>生まれてしまったので引き取ってくれる方を募集しています。
고양이 3마리가 태어나서 맡아 줄 분을 모집하고 있습니다.

5. 〜かかる ： 막[마침] 〜하다, 강세의 의미

□ 一寸法師はおじいさんにもらった針の刀を抜くと、鬼に<u>飛びかかりました</u>。
엄지동자는 할아버지가 주신 바늘 칼을 뽑더니 도깨비에게 달려 들었습니다.

▶ 彼は血相を変えて<u>とびかかった</u>。
그는 얼굴색을 바꾸며 덤벼들었다.

▶ そこへ自動車が<u>通りかかった</u>。
그때에 자동차가 막 지나쳤다.

6. 〜にする : 〜하다

□ ところが、鬼は一寸法師をヒョイとつまみあげると、パクリと<u>丸のみ</u><u>にして</u>しまいました。

그런데 도깨비는 엄지동자를 휙하고 집어 올리더니 꿀꺽하고 통째로 삼켜 버렸습니다.

▶ 大型の台風が近づいてきているので、今日は<u>休みにします</u>。

대형 태풍이 점점 다가오고 있기 때문에 오늘은 쉬도록 하겠습니다.

▶ 近いうちにあなたにお会いするのを<u>楽しみにしています</u>。

조만간 당신을 만나 뵙기를 기대하고 있겠습니다.

7. まっ〜 : 강세의 의미

□ 鬼のお腹の中は、<u>まっ暗</u>です。

도깨비 뱃속은 캄캄했습니다.

▶ もみじの葉っぱも<u>真っ赤</u>だな。

단풍잎도 새빨갛구나.

▶ フラフラして<u>真っ直ぐ</u>歩けない。

휘청거려서 똑바로 걸을 수 없다.

8. 〜わ : 판단, 가벼운 결의 · 주장 · 다짐을 나타냄

□ 「よし、今度はわしが、ひねりつぶしてやる<u>わ</u>！」

"좋아. 이번엔 내가 해치워 주겠어!"

▶ これだけ有れば十分だ<u>わ</u>、ありがと。

이만큼 있으면 충분해,고마워.

▶ 寝る時が一番幸せだ<u>わ</u>。

잘 때가 제일 행복해.

9. 〜ものだから : 〜것이기 때문에

□ もう一匹の鬼が言いましたが、一寸法師は針の刀をかまえると、今度はその鬼の目の中へ<u>飛び込んだものですから</u>、鬼はビックリです。

또 한 마리의 도깨비가 말했습니다만, 엄지동자는 바늘 칼을 겨누더니 이번에는 그 도깨비의 눈 속으로 뛰어들었기 때문에 도깨비는 깜짝 놀랐습니다.

▶ 5年前に<u>勉強したものですから</u>、忘れてしまいました。

5년 전에 공부한 거라 잊어버렸어요.

▶ 仕事が<u>忙しいものですから</u>、遊ぶ時間がありません。

일이 바쁘기 때문에 놀 시간이 없습니다.

퀴즈

※ 다음 괄호 안에 들어갈 말로 잘못된 것을 모두 고르시오.

① 神さま、(親指)くらいの小さい小さい子どもでもけっこうです。

② 二人はさっそく、一寸法師という名前を(ついて)やりました。

③ そこでおじいさんは一本の(針)で、一寸法師にちょうどピッタリの大きさの刀を
つくってやりました。

④ 「(おや)、このおはしで舟をこいでおいで」

「はい。では、行ってまいります」

⑤ 手伝いの人は玄関のげたの下に立っている、小さな一寸法師を(やっと)見つけま
した。

⑥ 一寸法師はおじいさんにもらった針の刀を抜くと、鬼に(飛びかかりました)。

⑦ 一寸法師は針の刀をかまえると、今度はその鬼の目の中へ飛び込んだものです
から、鬼は(ビックリ)です。

⑧ まあ、これは打ち出の小づちという物ですよ。トントンとふると、(何の)好きな
物が出てくるのです。

⑨ 「わたしの背がのびる(ように)『背出ろ、背出ろ』と、そう言ってふってください」

⑩ すると一寸法師の背は、ふれば(ふっただけ)グングンとのびて、誰にも負けない
立派な男の人になりました。

정답：②, ④, ⑧

엄지동자와 바늘(『一寸法師と針』)

비정상적으로 작은 자가 신선의 가호로 행복해진다는 소인 전설 중 하나로 상대
신화(上代神話)의 '작은아이 이야기(「小さ子物語」)'에서 나왔다. 이것이 다소 내용
이 변화되어 전국에 널리 분포되었다. 『一寸法師』라는 이름은 오토기조시(御伽草
子)의 『一寸法師』에 따른다. 지방에 따라 『마메스케(豆助)』(佐渡), 『손가락타로(指
太郎)』(岐阜) 등 여러가지 다른 이름이 있다.

바늘 칼을 허리에 차고 밥그릇 배를 젓가락으로 저어 상경한다는 잇슨보시(一寸
法師)의 이야기는 그림책 등으로 잘 알려져 있다. 이 이야기에서는 바늘이 소중한 무
기이다. 농부들이 일 때문에 들이나 산에 갈 때에는 마귀를 피하기 위해 칼을 반드시
가지고 간다. 여자는 바늘이라도 좋으니 가져가라고 한다. 여기서도 바늘은 훌륭한
무기다. 오카야마(岡山) 현에는 이런 이야기가 있다. 부잣집 딸이 병에 걸렸는데 도
깨비 간이 좋다고 하여 잇슨보시가 도깨비섬에 갔다가 도깨비에게 잡아 먹혔으나
뱃속에서 간을 바늘로 찔러 부드럽게 한 뒤 꺼내 가지고 돌아온다. 딸의 병을 고친
잇슨보시는 큰돈을 받고 거부가 되었다. 작은 바늘이지만 잇슨보시에게는 잘 어울
리는 칼이다(『一寸法師と針』立石憲利).

一寸法師、板本『御伽草子』書林
大阪心斎橋順町 渋川清右衛門 版
출처 : https://ja.wikipedia.org/wiki/%E
4%B8%80%E5%AF%B8%E6%
B3%95%E5%B8%AB#/media/%
E3%83%95%E3%82%A1%E3%
82%A4%E3%83%AB:Otogizoshi
5.jpg

かちかち山
（かちかちやま）

第8課

かちかち山
（かちかちやま）

　むかしあるところに、おじいさんとおばあさんが住んでいました。

　畑を荒らすたぬきに困り果てたおじいさんは、わなで捕まえて四つ足をしばり、うちの天井のはりにぶら下げました。

　「たぬき汁をこしらえておいておくれ」

　そうおばあさんに言って、またおじいさんは畑へ出かけました。

　きねと臼でとんとん麦をつくおばあさんに、手伝うから縄をといてくれとたぬきが声をかけます。

　その言葉を信じて縄をといてくれたおばあさんを、たぬきはきねで殴り殺してしまいました。

　たぬき汁のかわりにばばあ汁をこしらえたたぬきは、おばあさんに化けておじいさんをだまし、汁を食べさせてしまいます。

　「ばばあくったじじい、流しの下の骨を見ろ。」

　おじいさんは驚き、おばあさんの骨を抱えておいおい泣きました。

やってきた白うさぎに、おじいさんはこれまでの話をして聞かせました。

気の毒に思ったうさぎは言いました。

「わたしがきっと仇をとってあげましょう。」

ある日、うさぎはたぬきの巣穴の前で、かち栗を食べ始めました。

栗を欲しがるたぬき。うさぎは栗をあげる代わりに、柴を向こうの山まで背負っていってほしいと言います。

たぬきの後ろを歩きながら、うさぎは火打石で「かちかち」と火を切りました。

「うさぎさん、かちかちいうのは何だろう。」

「この山はかちかち山だからさ。」

「ああ、そうか。」

火がたぬきの背中の柴に燃え移り、ぼうぼう燃えだしました。

「ぼうぼういうのは何だろう。」

「ぼうぼう山だからさ。」

たぬきの背中は燃え上がり、たぬきは泣きながら苦しみ転げまわりました。

あくる日、たぬきの見舞いにきたうさぎは、唐辛子みそを薬だと偽ってたぬきの背中にぬりたくりました。

「いたい、いたい！」

背中に火がついたように熱くなり、たぬきは穴の中を転げまわりました。

「ぴりぴりするのははじめだけ。じきに治るからがまんだよ。」

うさぎはそう嘘を言って帰っていきました。

それから数日後。うさぎはたぬきを海に誘いました。

うさぎは小さな木の舟に、たぬきは大きな泥の舟にのって沖へ出ます。

すると、泥が溶けて、たぬきの乗った舟が沈み始めました。

「ああ、沈む、沈む、助けてくれ」

あわてるたぬきをおもしろそうに眺めながらうさぎは言いました。

「おばあさんを殺して、おじいさんにばばあ汁を食わせた報いだ。」

たぬきはとうとう溺れ死に、うさぎは見事に仇をとりました。

새로운 어휘

- 荒らす(あらす) 황폐케 하다, 휩쓸다, 파손하다, 망치다

- たぬき 너구리(같은 사람), 능구렁이

- 困り果てる(こまりはてる) 몹시 난처하다(곤란해지다)

- わな 올가미

- 捕まえる(つかまえる) 잡다(잡다)

- しばる 묶다

- 天井(てんじょう) 천장(천장)

- はり 대들보

- ぶら下げる(ぶらさげる) 매달다

- 汁(しる) 즙, 국

- たぬきじる 너구리 고기를 넣고 끓인 국, 곤약·팥·두부를 넣고 끓인 된장국

- こしらえる 만들다

- 麦(むぎ) 보리

- 縄(なわ) 밧줄

- 〜をとく 〜을 풀다

- 信じる(しんじる) 믿다

- 化ける(ばける) 둔갑하다, 변하다

- だます 속이다

- 流し(ながし)　개수대
- 骨(ほね)　뼈
- 抱える(かかえる)　껴안다, 안다
- 気の毒(きのどく)　가엾음
- 仇(かたき、あだ)　원수
- 巣穴(すあな)　소굴
- 背負う(せおう)　짊어지다
- 火打石(ひうちいし)　부싯돌
- 背中(せなか)　등
- 燃え移る(もえうつる)　불이 옮겨붙다, 불이 번지다
- ぼうぼう　활활
- 燃え上がる(もえあがる)　타오르다
- 苦しむ(くるしむ)　괴로워하다
- 唐辛子みそ(とうがらしみそ)　고추장
- 薬(くすり)　약
- 偽る(いつわる)　거짓말하다, 속이다
- ぬる　칠하다

  ～たくる　마구 칠해대다
- ぴりぴり　따끔따끔, 찌릿찌릿
- 治る(なおる)　낫다

- □ がまん　참고 견디다

- □ 嘘(うそ)　거짓말

- □ 誘う(さそう)　권유하다, 불러내다

- □ 泥(どろ)　진흙

- □ 沖(おき)　먼바다

- □ 溶ける(とける)　녹다

- □ 沈む(しずむ)　가라앉다

- □ 眺める(ながめる)　바라보다

- □ 報い(むくい)　과보, 응보, 보답, 보수

- □ 溺れ死に(おぼれじに)　익사

- □ 見事(みごと)　훌륭함

문법&어구

1. ～果てる : 완전히 ～하다, 극도에 달하다

□ 畑を荒らすたぬきに<u>困り果てた</u>おじいさんは、わなで捕まえて四つ足をしばり、うちの天井のはりにぶら下げました。

밭을 망치는 너구리 때문에 곤경에 빠진 할아버지는 덫으로 잡아 네 다리를 묶어 집 천장의 대들보에 매달았습니다.

▶ 今日はもうダメだ。<u>疲れ果てて</u>死ぬ。
오늘은 망했어. 피곤해 죽겠다.

▶ どうしてよいか分からなくて<u>困り果てていた。</u>
어쩔 줄 몰라 몹시 난감했다.

2. ～ておく : ～해 두다

□ 「たぬき汁を<u>こしらえておいて</u>おくれ」
"너구리국을 좀 끓여놓게."

▶ 友達が遊びに来るので、ケーキを<u>買っておきました。</u>
친구가 놀러 오기 때문에 케이크를 사 두었습니다.

▶ 食事が終わったら、お皿を<u>洗っておきます</u>。
식사가 끝나면 접시를 닦아 놓을게요.

3. ～ろ： ～래(명령)

□ 「ばばあくったじじい、流しの下の骨を見ろ。」
　　"할멈 먹은 영감아, 개수대 밑의 뼈를 봐라."

▶ 死んでしまいたいときには下を見ろ、俺がいる。
　　죽고 싶을 때에는 아래를 봐라, 내가 있다.

▶ まずお前らが食べろ。
　　일단 너희들이 먹어라.

4. ～だす： ～하기 시작하다

□ 火がたぬきの背中の柴に燃え移り、ぼうぼう燃えだしました。
　　불이 너구리의 등에 있는 땔나무에 옮겨 붙으며 활활 타오르기 시작했습니다.

▶ 突然雨が降り出したので、急いで家に帰りました。
　　갑자기 비가 내리기 시작했기 때문에 서둘러 집으로 돌아갔습니다.

▶ 電車の中で、赤ん坊が泣き出して、本当に大変だった。
　　전철 안에서 아기가 울기 시작하여 정말 힘들었다.

5. ～ように： ～처럼

□ 背中に火がついたように熱くなり、たぬきは穴の中を転げまわりました。
　　등에 불이 붙은 것처럼 뜨거워져서 너구리는 구멍 속을 굴러다녔어요.

▶ 人は生きてきたように死んでいく。

사람은 살아온 것처럼 죽어 간다.

▶ Ａさんは子供の頃とても可愛かったように、Ａさんの子供も同じく可愛い。

Ａ 씨가 어렸을 때 무척 귀여웠던 것처럼 Ａ씨의 아이도 마찬가지로 귀엽다.

6. 〜そうに： 〜듯이

□ あわてるたぬきをおもしろそうに眺めながらうさぎは言いました。

당황하는 너구리를 재미있다는 듯이 바라보면서 토끼가 말했습니다.

▶ ご飯をおいしそうに食べる人と食事するとやっぱり楽しい。

밥을 맛있게 먹는 사람과 식사하면 역시 즐겁다.

▶ 金魚が元気そうに泳いでいる。

금붕어가 활기차게 헤엄치고 있다.

퀴즈

※ 다음 괄호 안에 들어갈 말로 잘못된 것을 모두 고르시오.

① 畑を荒らすたぬきに(困りかけた)おじいさんは、わなで捕まえて四つ足をしばり、うちの天井のはりにぶら下げました。

② きねと臼でとんとん麦を(つく)おばあさんに、手伝うから縄をといてくれとたぬきが声をかけます。

③ おじいさんは驚き、おばあさんの骨を抱えて(おいおい)泣きました。

④ 「わたしがきっと仇を(とって)あげましょう。」

⑤ うさぎは栗をあげる代わりに、柴を向こうの山まで背負って(いってくれる)と言います。

⑥ たぬきの後ろを歩きながら、うさぎは火打石で「かちかち」と火を(切りました)。

⑦ 火がたぬきの背中の柴に燃え移り、(ぼうぼう)燃えだしました。

⑧ あくる日、たぬきの見舞いにきたうさぎは、唐辛子みそを薬だと偽ってたぬきの背中に(ぬりあわせました)。

⑨ 背中に火が(ついた)ように熱くなり、たぬきは穴の中を転げまわりました。

⑩ あわてるたぬきを(おもしろそうに)眺めながらうさぎは言いました。

「かちかち山」의 유래와 후일담

　「かちかち山」에는 인과응보라는 의미가 내포되어 있다. 토끼가 못된 짓을 한 너구리의 등에 불을 붙이거나 물에 빠지게 하는 것은 「盟神探湯(くかたち)」에 바탕을 둔 것이라고 한다. 「盟神探湯(くかたち)」이란, 고대 일본에서 이루어졌던 것으로 「神明裁判(しんめいさいばん)」이라고 할 수 있다. 즉, 옛날, 정사(正邪)를 가리기 위하여 신에게 맹세를 시킨 후 끓는 물에 손을 담그게 하여 옳은 사람은 데지 않는 것으로 여겼다. 신의에 따라 죄과(罪科) 또는 소송을 결정한다는 뜻에서 진행된 재판으로 철화(鉄火:새빨갛게 달군 쇠), 열탕(熱湯), 제비뽑기 등을 사용해 맞으면 신의 가호로 벌을 받지 않게 한 신의 재판이다. 어떤 사람의 옳고 그름을 판단하기 위한 주술적 재판(신판)이다. 일본의 가장 오래된 천황인 제15대 오진텐노(応神天皇) 시대에 「盟神探湯(くかたち)」이라는 점에 의한 재판이 행해진 기록이 있다.

「盟神探湯」大臣武内宿祢 月岡芳年画
출처 : https://ja.wikipedia.org/wiki/%E7%9
　　　B%9F%E7%A5%9E%E6%8E%A2%
　　　E6%B9%AF

다시 말해 물을 끓이고 있는 솥에 손을 넣어 화상을 입으면 유죄로 보는 운세 방법이다. 이런 방법으로 하면 누구나 화상을 입는 것이 아닐까...?

「かちかち山」의 결말은 너구리가 반성하거나 익사해 토끼가 선이고 너구리가 악이라는 것으로 끝이 나는데 이야기에 따라서는 후일담이 존재한다.

토끼는 익사한 너구리를 조리해 먹기 위해 적당한 인간의 집을 찾아가서 너구리국을 끓여 먹은 후 배불러 하며 만족스러워했으나 그 집 사람들이 토끼를 잡으려고 하자 마음이 급해진 토끼는 도망가려다 사람이 던진 칼이 꼬리에 맞아 찢어지고 말았다. 이것이 원인이 되어 토끼 꼬리가 짧아져 버렸다. 결국 토끼도 큰코 다쳤다는 이야기이다.

Kakuzo Fujiyama
출처 : https://ja.wikipedia.org/wiki/%E3%81%8B%E3%81%A1%E3%81%8B%E3%81%A1%E5%B1%B1#/media/%E3%83%95%E3%82%A1%E3%82%A4%E3%83%AB:Japanese Fairy Book-Ozaki-052.png

かぐや姫
（かぐやひめ）

かぐや姫
（かぐやひめ）

むかしむかし、竹を取って暮らしているおじいさんがいました。

ある日の事、おじいさんが竹やぶに行くと、根元が光っている不思議な竹を見つけました。

「ほほう、これはめずらしい。どれ、切ってみようか。えい！・・・うん？　これは！」

おじいさんがその竹を切ってみると、なんと中には小さな女の子がいたのです。

子どものいないおじいさんとおばあさんは、とても喜びました。

そしてその子を『かぐやひめ』と名付けて、大切に育てたのです。

かぐやひめは大きくなるにしたがって、とても美しくなりました。

そして年頃になると、

「どうか、かぐやひめをお嫁さんにください」

と、若者がたくさんやってきました。

中でも特に熱心な若者が、五人いました。

みんな、立派な若者です。

でも、かぐやひめは、お嫁に行くつもりはありません。

そこでかぐやひめは、困ってしまい、

「では、私が言う品物を持ってきて下さった方のところへ、お嫁に行きましょう。石作皇子(いしつくりのみこ)どのには、天竺(てんじく→インド)にある《仏の御石の鉢(ほとけのみいしのはち→おしゃかさまが使ったうつわ)》を、車持皇子(くらもちのみこ)どのには、東の海の蓬莱山(ほうらいさん)にある《玉の枝(たまのえだ→根っこが銀、くきが金、実が真珠で出来ている木の枝)》を、阿部御主人(あべのみうし)どのには、もろこし(→中国の事)にある《火ネズミの裘(ひねずみのかわごろも→火ネズミと呼ばれる伝説のネズミの皮で作った燃えない布》を、大伴御行(おおとものみゆき)どのには、《竜の持っている玉》を、石上麻呂(いそのかみのまろ)どのには、つばめが生むという《子安貝(こやすがい→タカラ貝と呼ばれるきれいな貝)》をそれぞれ、お持ちいただきたい。」

と、言って、世にも珍しいと言われる品物を一人一人に頼みました。

五人の若者はそれぞれに大冒険をしましたが、かぐや姫の望んだ品物を手に入れた者は一人もいませんでした。

なんとか五人の若者を追い返したかぐやひめですが、かぐやひめのうわさ

はとうとうみかどの耳にも入りました。

「ぜひ、かぐやひめを后(きさき)に欲しい」

みかどの言葉を聞いたおじいさんとおばあさんは、大喜びです。

「すばらしいむこさんじゃ。これ以上のむこさんはない」

お嫁にいくつもりのないかぐやひめは、何とか断ろうと思いましたが、みかどに逆らえば殺されてしまうかもしれません。

それ以来、かぐやひめは毎晩毎晩悲しそうに月を見上げては泣いていました。

「実は、わたくしは月の世界のものです。今まで育てていただきましたが、今度の満月の夜には月へ帰らなくてはなりません」

　それを知ったみかどは、満月の夜、何千人もの兵士を送ってかぐや姫の家の周りを守らせました。

　何とかして、かぐやひめを引きとめようとしたのです。

　けれど真夜中になって月が高くのぼると、兵士たちは突然ねむってしまいました。

　かぐや姫はその間に、月の使いの車にのって月に帰ってしまいました。

　その事を知ったおじいさんもおばあさんもみかども、とても悲しんだと言うことです。

새로운 어휘

- やぶ　덤불, 대숲, 'やぶ医者'의 준말

- 根元(ねもと)　뿌리, 밑, 근본, 근원

- 光る(ひかる)　빛나다

- めずらしい　드물다, 희귀[희한]하다, (진)귀하다, 이상하다

- 喜ぶ(よろこぶ)　즐거워하다, 기뻐하다, 좋아하다(↔悲(かな)しむ)

- 名付ける(なづける)　명명하다, 이름을 짓다

- 年頃(としごろ)　알맞은 나이, 적령(適齢), 특히, 여자의 혼기

- お嫁(およめ)　신부, 며느리

- 若者(わかもの)　젊은이

- 品物(しなもの)　물건

- 石作皇子(いしつくりのみこ)　가구야히메에 구혼한 귀공자

- 天竺(てんじく)　천축, 인도(예스러운 말씨)

- 鉢(はち)　주발, 사발, 화분

- ほとけ　부처

- うつわ　그릇

- 蓬莱山(ほうらいさん)　봉래산, 중국의 전설로 동해에 있으며 신선이 산다는 영산(靈山)

- 枝(えだ)　가지

- 根っこ(ねっこ)　뿌리, 나무의 그루터기

- くき　줄기

- □ 真珠(しんじゅ) 진주

- □ 出来る(できる) 생기다, 되다, 이루어지다

- □ 裘(かわごろも) 동물 가죽 옷

- □ 伝説(でんせつ) 전설

- □ 竜(りゅう, たつ) 용

- □ つばめ 제비

- □ 子安貝(こやすがい) 자패(紫貝), 이 조개를 쥐고 힘을 주면 순산한다는 속신(俗信)이 있음

- □ 大冒険(だいぼうけん) 대모험

- □ なんとか 뭐라고, 어떻게(든), 그럭저럭, 간신히

- □ 追い返す(おいかえす) 물리치다, 냉담하게 돌려보내다

- □ うわさ 소문

- □ みかど 天皇, 황제, 황실(皇室), 궁중, 조정

- □ 后(きさき) 황후, 중전(中殿), 중궁(中宮)

- □ むこ 사위, 신랑

- □ 断る(ことわる) 거절[사절]하다, 받지 않다, 사퇴하다

- □ 逆らう(さからう) 거스르다, 거역하다

- □ 兵士(へいし) 병사

- □ 送る(おくる) 보내다

- □ 周り(まわり) 주위

- □ 守る(まもる) 지키다

- □ 引きとめる(ひきとめる) 만류하다, 말리다

문법&어구

1. 〜にしたがって ： 〜에 따라

□　かぐやひめは大きくなるにしたがって、とても美しくなりました。
　　가구야히메는 자라나면서 매우 아름다워졌습니다.

　▶　暗くなるにしたがって、だんだん寒くなってきました。
　　　어두워짐에따라 점점 추워졌습니다.

　▶　このゲームはステージをクリアするにしたがって、難しくなります。
　　　이 게임은 스테이지를 클리어함에 따라 어려워집니다.

2. お〜いただく/〜ていただく ： 〜해 받다/주다의 겸사말

□　「それぞれ、お持ちいただきたい。」と、言って、世にも珍しいと言わ
　　れる品物を一人一人に頼みました。
　　"각각 가져다 주세요."라고 말하며 아주 희귀하다고 하는 물건을 한사람 한사람에게
　　　부탁했습니다.

□　「実は、わたくしは月の世界のものです。今まで育てていただきました
　　が、今度の満月の夜には月へ帰らなくてはなりません」
　　"사실 저는 달나라 사람입니다. 그동안 키워 주셨는데 이번 보름날 밤에는 달로 돌아가
　　　야 합니다."

　▶　よくお読みいただき、必ずお守りください。
　　　잘 읽어보시고 반드시 지켜주시기 바랍니다.

▶ 先生に作業を<u>手伝っていただく</u>。

선생님께서 작업을 거들어 주시다.

3. 〜じゃ： 〜이다

□ 「すばらしいむこさん<u>じゃ</u>。 これ以上のむこさんはない」

"훌륭한 사윗감이다. 더 이상의 사위는 없다."

▶ どこに行くん<u>じゃ</u>。

어디 가는 거야?

▶ わしは知っておるの<u>じゃ</u>。

나는 알고 있어.

4. 〜うと思う： 〜려고 생각하다

□ お嫁にいくつもりのないかぐやひめは、何とか<u>断ろうと思いましたが</u>、みかどに逆らえば殺されてしまうかもしれません。

시집갈 생각이 없는 가구야히메는 어떻게든 거절하려고 생각했습니다만, 천황에게 거역하면 살해당하고 말지도 모릅니다.

▶ 明日は6時くらいには<u>起きようと思う</u>。

내일은 6시 정도에는 일어나려고 한다.

▶ 来月旅行に<u>行こうと思ってる</u>。

다음 달에 여행을 가려고 해.

5. ～なくてはならない : ～지 않으면 안된다 / 해야 한다

□　「実は、わたくしは月の世界のものです。今まで育てていただきましたが、今度の満月の夜には月へ帰らなくてはなりません」

"사실 저는 달나라 사람입니다. 그동안 키워 주셨는데 이번 보름달밤에는 달로 돌아가야 합니다."

▶　明日は写真を撮らなくてはならない。

내일은 사진을 찍어야 한다.

▶　契約は守らなくてはならない。

계약은 지키지 않으면 안 된다.

6. ～(よ)うとする : ～하려 하다

□　何とかして、かぐやひめを引きとめようとしたのです。

어떻게든 가구야히메를 만류하려고 했던 겁니다.

▶　お風呂に入ろうとしたところで電話が鳴った。

목욕을 하려고 했는데 전화벨이 울렸다.

▶　何か悪いことをしようとしている動きだ。

뭔가 나쁜 짓을 하려고 하는 움직임이다.

7. ~ということだ : ~라는 것이다/라고 한다

> □ その事を知ったおじいさんもおばあさんもみかども、とても悲しんだと言うことです。
>
> 그것을 안 할아버지와 할머니, 그리고 천황도 몹시 슬퍼했다고 합니다.

▶ ニュースによると、明日は雨が降るということだ。

　뉴스에 의하면, 내일은 비가 온다고 한다.

▶ 田中さんは先月受けた試験に合格したということだ。

　다나카 씨는 지난달 치러진 시험에 합격했다고 한다.

퀴즈

※ **다음 괄호 안에 들어갈 말로 잘못된 것을 모두 고르시오.**

① おじいさんがその竹を切ってみると、(なんと)中には小さな女の子がいたのです。

② かぐやひめは大きくなる(にしたがって)、とても美しくなりました。

③ 中でも特に熱心な若者が、五人いました。でも、かぐやひめは、お嫁に行く(はず)はありません。

④ 石上麻呂どのには、つばめが生むという子安貝をお持ち(いただきたい)と言って、世にも珍しいと言われる品物を一人一人に頼みました。

⑤ 五人の若者はそれぞれに大冒険をしましたが、かぐや姫の望んだ品物を手に(入れた)者は一人もいませんでした。

⑥ (なんとか)五人の若者を追い返したかぐやひめですが、かぐやひめのうわさはとうとうみかどの耳にも入りました。

⑦ お嫁にいくつもりのないかぐやひめは、何とか(断る)と思いましたが、みかどに逆らえば殺されてしまうかもしれません。

⑧ 「実は、わたくしは月の世界のものです。今まで育てていただきましたが、今度の満月の夜には月へ帰らなくては(なりません)」

⑨ それを知ったみかどは、満月の夜、何千人(こと)兵士を送ってかぐや姫の家の周りを守らせました。

⑩ けれど真夜中になって月が高く(のぼると)、兵士たちは突然ねむってしまいました。

『かぐや姫』의 모델은?

　『かぐや姫』의 모델이 되었다고 생각되는 여성이, 일본 신화(古事記)에 등장한다. 제12대 垂仁天皇(すいにんてんのう)에게 시집간 여성 중에『迦具夜比売命』라는 사람이 있는데『かぐやひめのみこと』라고 읽는다. 이름만 보면 바로『かぐや姫』인데 이것뿐이라면 단순한 우연이라고 생각되기 쉬우나 의외로 그렇지도 않다.
　『かぐやひめのみこと』의 아버지는『大筒木垂根王(おおつつきたりねのみこ)』라고 한다.『大筒木垂根王(おおつつきたりねのみこ)』의 어머니는『竹野比売(たかのひめ)』이다. 즉『かぐやひめのみこと』의 아버지가『大筒木垂根王(おおつつきたりねのみこ)』,『迦具夜比売命(かぐやひめのみこと)』의 할머니가『竹野比売(たかのひめ)』가 된다. 우선 할머니의 이름『竹野比売(たかのひめ)』에는 알기 쉽게 대나무가 들어간다. 그리고『大筒木垂根王(おおつつきたりねのみこ)』의『大筒木

竹取物語絵巻
출처 : https://www.metmuseum.org/art/collection/
　　　search/60013157?rpp=60&pg=1&gallerynos=
　　　228&ft=*&pos=1

(おおつつき)』와『垂根(たりね)』라는 부분을 주목해 보자. 먼저 대나무는 통 모양의 나무이다. 그리고, 대나무 안에는 가지가 늘어져 땅에 접지함으로써 뿌리로 변화하는 품종이 존재한다. 이 품종을『垂根』라고 한다. 대나무와 관련 깊은 할머니와 아버지를 둔 여성이 바로『かぐやひめのみこと』이다. 이것을 단지 우연이라고 파악할지 아니면 무슨 관계가 있다고 파악할지는 사람마다 다르다고 생각한다. 그러나 둘 사이의 인과관계가 있어서『かぐやひめのみこと』의 모델이 되었을 가능성도 있는 것이 아닐까? 간혹『かぐやひめのみこと』는 외계인이었다는 설도 있지만 그보다는 훨씬 현실적이지 않나 싶다.

かぐや姫
출처: 石井正己『図説　日本の昔話』河出書房新社

金太郎
（きんたろう）

第10課

金太郎
（きんたろう）

　むかしむかし、あしがら山に金太郎という優しく、力の強い男の子がいました。

　金太郎は小さいころから力持ちで、いつも山の中で動物たちと遊んでいました。

　ある日、動物たちのなかで一番強いクマとすもうをすることになりました。

「はっけよーい、のこった！」

「うんーそれー」ドッターン

　なんと、きんたろうはクマも投げ飛ばしてしまいました。

　動物達と綱引きをしても金太郎にかなう相手はいません。

　ある日、金太郎は母親からまさかりをもらいました。

　そのマサカリでまきわりをして母親の手伝いをしました。

せっせとまきわりをしているきんたろうに動物たちは

森の中の果物をとりにいこうとさそいました。

「よし、いこうか」

きんたろうは動物たちと元気よくでかけました。

しばらくいくと「あれっ、橋がおちてる！」

「どうしよう？　橋がないから、向こうへわたれないよ」

動物たちは困ってしまいました。

「よし、ぼくにまかせておけ」

金太郎は近くに生えている大きな木を見つけると、

「よし、ちょうどいい大きさだ」

と、いって、その大きな木に体当たりをしました。

ドーン！

すると大きな木は簡単に折れてしまい、金太郎がそれを持ち上げて谷にかけると、あっという間に一本橋の出来上がりです。

「わーい。どうも、ありがとう」

動物たちは大喜びで、金太郎のつくってくれた橋を渡りました。

そんな金太郎のうわさを聞きつけた都の武士が

金太郎をたずねてあしがら山までやってきました。

「あなたの力の強さには驚いた。きっと立派なぶしになれるでしょう。」

「どうかね、私と一緒に都へこないか」

と都の武士に言われた金太郎は武士になるために、都へ行くことに決めました。

「ぼくは都でりっぱなぶしになります」

金太郎はそう母親に告げると、あしがら山の動物たちにお別れを言い、都へ行きました。

そして金太郎は心優しく立派なぶしになりました。

새로운 어휘

- **あしがら山(あしがらやま)** 가나가와현 서부 오다와라시와 남아시가라시를 중심으로 한 지방에 있는 산 이름

- **力持ち(ちからもち)** 힘이 셈, 또, 그 사람

- **動物(どうぶつ)** 동물

- **遊ぶ(あそぶ)** 놀다

- **クマ** 곰

- **すもう** 씨름

- **なんと** 'なにと'의 음편(音便), 어떻게, 얼마나, 대단히, 참

- **投げ飛ばす(なげとばす)** 냅다 던지다, 휙 내던지다

- **綱引き(つなびき)** 줄다리기

- **かなう** 필적(匹敵)하다, 대적하다, 당해 내다

- **相手(あいて)** 상대

- **母親(ははおや)** 모친, 어머니(↔父親(ちちおや))

- **まさかり** 큰 도끼

- **まきわり** 장작 패기, 장작 패는 연장((도끼 따위))

- **果物(くだもの)** 과일

- **元気(げんき)** 원기, 기력, 건강한 모양

- **しばらく** 잠깐, 오래간만, 당분간, 오랫동안

- ☐ 橋(はし) 다리

- ☐ 向こう(むこう) 저쪽, 맞은편, 건너편

- ☐ わたる 건너다

- ☐ まかせる 맡기다

- ☐ 近く(ちかく) 가까이, 근처

- ☐ 生える(はえる) 나다

- ☐ 体(からだ, たい) 몸

- ☐ 当たる(あたる) 맞다, (총탄·화살·타격 등이) 명중하다, 적중하다, (예상·꿈 따위가) 들어맞다

- ☐ 簡単(かんたん) 간단

- ☐ 折れる(おれる) 부러지다, 꺾이다

- ☐ 持ち上げる(もちあげる) 들어올리다

- ☐ 谷(たに) 골짜기, 계곡

- ☐ あっという間(あっというま) 눈깜짝할 사이

- ☐ 聞きつける(ききつける) 우연히 들어서 알다, 늘 들어서 귀에 익다, 항상 듣고 있다

- ☐ 武士(ぶし) 무사

- ☐ 驚く(おどろく) 놀라다

- ☐ きっと 꼭, 반드시

- ☐ 決める(きめる) 정하다

- ☐ 告げる(つげる) 고하다, 알리다

- ☐ お別れ(おわかれ) 이별, 헤어짐, 결별

문법&어구

---

1. **～ことになる** : **～기로 되다**

☐ ある日、動物たちのなかで一番強いクマとすもうを<u>することになりました</u>。

어느 날 동물들 중에 제일 센 곰과 씨름을 하게 되었습니다.

▶ 僕たち、来年の春に<u>結婚することになりました</u>。
저희, 내년 봄에 결혼하게 되었습니다.

▶ 田中さんが休みなので、私が<u>発表することになった</u>。
다나카 씨가 쉬기 때문에 내가 발표하게 되었다.

---

2. **～てる** : **～ている의 축약, ～고 있다**

☐ しばらくいくと「あれっ、橋が<u>おちてる</u>！」
한참을 가니 "어랏, 다리가 떨어졌네!"

▶ 今日なに<u>着てる</u>？
오늘 뭐 입었어?

▶ 犬と猫どっちも<u>飼ってる</u>と毎日たのしい。
강아지랑 고양이 둘다 키우면 매일 즐거워.

3.　～さ : 형용사의 명사형

□　「よし、ちょうどいい**大きさ**だ」

　　　"좋아, 딱 적당한 크기다"

▶　この土地の**広さ**はどのくらいありますか。

　　이 땅의 넓이는 얼마나 됩니까?

▶　**長さ**のみが10cmから100cmまで10cmずつ変化しています。

　　길이만이 10cm에서 100cm까지 10cm씩 변화하고 있습니다.

4.　～本 : 가늘고 긴 물건을 세는 단위

□　すると大きな木は簡単に折れてしまい、金太郎がそれを持ち上げて谷
　にかけると、あっという間に**一本橋**の出来上がりです。

　　그러자 큰 나무는 쉽게 부러져 버리고, 긴타로가 그것을 들어올려 골짜기에 걸치자
　　순식간에 외나무다리가 완성되었습니다.

▶　16**本**や24**本**の骨でできている傘も増えています。

　　16개나 24개의 살로 된 우산도 늘고 있습니다.

▶　毎日コーラ一**本**とビール一**本**はどっちの方が体に悪いですか？

　　매일 콜라 한병과 맥주 한병은 어느쪽이 더 몸에 나쁩니까?

5. 〜つける : (감각으로) 알아내다, 늘 〜해 오다, 강조

□ そんな金太郎のうわさを聞きつけた都の武士が金太郎をたずねてあしがら山までやってきました。

그런 긴타로의 소문을 들은 수도의 무사가 긴타로를 찾아 아시가라산까지왔습니다.

▶ あの店に行きつけている。

늘 저 가게에 다니고 있다.

▶ 彼は大きい車で門の前に乗り付けた。

그는 큰 차로 문 앞에 이르렀다.

6. 〜ために : 〜기 위해

□ 都の武士に言われた金太郎は武士になるために、都へ行くことに決めました。

수도의 무사에게 들은 긴타로는무사가 되기 위해 수도에 가기로 결정했습니다.

▶ 日本の会社で働くために、今日本語を勉強しています。

일본 회사에서 일하기 위해서 지금 일본어를 공부하고 있습니다.

▶ お金持ちになるために、自分のビジネスを始めました。

부자가 되기 위해 제 사업을 시작했어요.

✏ 퀴즈

※ 다음 괄호 안에 들어갈 말로 잘못된 것을 모두 고르시오.

① ある日、動物たちのなかで一番強いクマとすもうをする(ことに)なりました。

② 動物達と綱引きをしても金太郎(に)かなう相手はいません。

③ ある日、金太郎は母親(からに)まさかりをもらいました。

④ せっせとまきわりをしているきんたろうに動物たちは森の中の果物を(とりに)いこうとさそいました。

⑤ しばらくいくと「あれっ、橋が(おちてる)！」 動物たちは困ってしまいました。

⑥ 「よし、(ちょと)いい大きさだ」と、いって、その大きな木に体当たりをしました。

⑦ 金太郎がそれを持ち上げて谷にかけると、(あっという間に)一本橋の出来上がりです。

⑧ そんな金太郎のうわさを(聞きつけた)都の武士が金太郎をたずねてあしがら山までやってきました。

⑨ 「どうかね、私と一緒に都へこないか」と都の武士に言われた金太郎は武士になる(ために)、都へ行くことに決めました。

⑩ 金太郎はそう母親に(告げるなら)、あしがら山の動物たちにお別れを言い、都へ行きました。

金太郎의 실존인물

金太郎는 실존인물로 足柄山(あしがらやま) 속에서 산속 마귀할멈 손에서 자랐다고 하는데 몸이 크고 힘이 센 사내아이였다. 大江山(おおえやま)의 酒呑童子(しゅてんどうじ) 퇴치에 무공을 세운 源頼光四天王(みなもとのらいこう・してんのう)의 한 사람인 坂田金時(さかたのきんとき)의 어린 시절로 여겨진다. 金時(きんとき)의 이름은 《今昔物語集(こんじゃくものがたり)》 등에도 보이지만, 이야기의 성립은 室町時代(むろまちじだい), 江戸時代(えどじだい)에는 金時(きんとき)의 아들 金平(きんぴら)를 주인공으로 하는 金平浄瑠璃(きんぴらじょうるり)가 유행했으며 단오절에는 배두렁이를 두르고 큰도끼를 멘 金太郎(きんたろう)가 장식된다.

月岡芳年
출처 : https://ja.wikipedia.org/wiki/%E9%87%91%E5%A4%AA%E9%83%8E#/media/%E3%83%95%E3%82%A1%E3%82%A4%E3%83%AB:Minamotono_Yorimitsu_&_Sakata_Kintoki.jpg

그러나 坂田金時(さかたのきんとき)가 실존했는지는 의견이 분분하며 실제로는 『下毛野公時(しもつけぬのきんとき)』라는 인물이 坂田金時(さかたのきんとき)의 모델이 되었다고 한다. 즉, 金太郎의 모델이 된 것은, 『下毛野公時』라고 하는 실존 인물이다. 『下毛野公時』는 헤이안 시대(平安時代)의 유명한 『藤原道長』(ふじわらのみちなが)를 섬겼으며 『相撲の使(すまいのつかい)』라는 직책을 맡고 있었다. 『相撲の使(すまいのつかい)』란 현대 스모의 원형인 『相撲節会(すまいのせちえ)』라는 축제를 주관하는 직책이다. 金太郎가 곰과 씨름해서 이겼을 정도로 힘이 세었다는 옛날이야기는 이 『相撲の使(すまいのつかい)』에서 왔다고 생각된다.

이밖에도 金時(きんとき)는 도깨비 퇴치 이야기로도 유명하다. 도깨비 퇴치라고 하면 흔히 桃太郎(ももたろう)의 전매특허처럼 여겨지지만 金太郎도 酒呑童子(しゅてんどうじ)라는 도깨비를 퇴치하였다.

月岡芳年
출처 : https://ja.wikipedia.org/wiki/%E9%8
7%91%E5%A4%AA%E9%83%8E#/
media/%E3%83%95%E3%82%A1%
E3%82%A4%E3%83%AB:Yoshitosh
i_-_100_Aspects_of_the_Moon_-_87.
jpg

歌川国芳
출처 : https://ja.wikipedia.org/wiki/%E9%8
7%91%E5%A4%AA%E9%83%8E#/
media/%E3%83%95%E3%82%A1%
E3%82%A4%E3%83%AB:Sakata_K
aidomaru_struggling_with_a_huge_c
arp_under_a_waterfall.jpg

わらしべ長者
（わらしべちょうじゃ）

わらしべ長者
(わらしべちょうじゃ)

　むかし、むかし、ある所に正直者ですが、運の悪い男が住んでいました。

　朝から晩まで、働けど働けど、貧乏でいいことがありませんでした。

　ある日、男は、最後の手段として、飲まず食わずで、観音さまにお祈りしました。

　すると、夕方暗くなった時、観音さんが目の前に現われ、こう言いました。

　「あなたは、このお寺を出るとき、転がって何かをつかみます。それを持って西に行きなさい。」

　確かに、男は、お寺を出ようとしたとき、転がって、何かをつかみました。

　それは、一本のわらでした。

　何の役にもたたないと思いましたが、男は、わらを持って西に歩いて行きました。

　歩いていると、あぶが飛んできたので、男はあぶをつかまえると、わらの先に縛りつけ、また歩いて行きました。

　しばらく歩くと、向こうから牛車(ぎっしゃ)がやってきて、牛車に乗った子どもが、男のもっているアブを見てお母さんに言いました。

「ねえ、あのアブがほしいよ」

　男は、子どもにアブのついたワラをあげたところ、子どもの母親はお礼にミカンを三つくれました。

　ミカンを三つ持ち、男はさらに西に歩いて行きました。

　しばらく行くと、娘さんが道端で苦しんでいるのを目にしました。

「もう、のどがかわいて一歩も歩けない。どこかに水はないかい。」

　そういって、水を欲しがっていたので、男はミカンをあげたところ、じきに、娘さんはよくなりました。

　お礼に、男は、きれいな絹の布をもらいました。

　絹の布を持って、男はさらに西に歩いて行きました。

　しばらく行くと、サムライと元気のない馬に出会いました。

「困った。急に馬がたおれてしまった。急いでいるのにどうしよう。」

　そして、美しい布を見て、サムライは、男に馬と持っていた絹の布を交換してほしいと言いました。

　男は、布と馬を交換してあげました。男が、夜通し馬の面倒を見てやると、馬は、朝には元気になっていました。

　馬を連れて、男はさらに西に歩いて行くと、そこで、引っ越しをしている家がありました。

　すると、門の中から、りっぱなおさむらい様が出てきました。

「これこれ、そこの男。私はこれから東の国へ行かねばならない。その馬をゆずってくれぬか。荷物を運ぶ馬がたりないのじゃ。その代わりに、私が帰ってくるまで、この家とうらにある田畑をお前にあずけよう。」

　男は馬と家と交換しました。この家のもちぬしは、とうとう帰ってきませんでした。

そうして男は立派な家と広い畑を持ったお金持ちになりました。

観音さまに言われたとおり、男はわら一本で長者になり、男は、生涯、わら一本粗末にすることはありませんでした。

村人からは、「わらしべ長者」と呼ばれました。

🔖 새로운 어휘

☐ わらしべ　볏짚의 새꽤기

☐ 長者(ちょうじゃ)　부호(예스러운 말씨), (=かねもち)

☐ 正直者(しょうじきもの)　정직한 사람

☐ 最後(さいご)　최후, 마지막

☐ 手段(しゅだん)　수단

☐ 祈る(いのる)　빌다, 기원하다

☐ 夕方(ゆうがた)　저녁

☐ 転がる(ころがる)　구르다

☐ つかむ　붙잡다, 잡다

☐ 西(にし)　서쪽

☐ 確か(たしか)　확실

☐ あぶ　등에

☐ 縛りつける(しばりつける)　붙들어 매다, 묶다

☐ 牛車(ぎっしゃ, うしぐるま)　달구지(소달구지), 平安 시대에 소가 끌던 귀족이 타는 수레

☐ さらに　더욱

☐ 道端(みちばた)　길가

☐ かわく　마르다

☐ じきに　곧

- 絹(きぬ) 비단

- 馬(うま) 말

- たおれる 쓰러지다, 넘어지다

- 急ぐ(いそぐ) 서두르다

- 夜通し(よどおし) 밤새도록

- 面倒(めんどう) 귀찮음, 번잡하고 성가심, 돌봄, 보살핌

- 引っ越し(ひっこし) 이사

- 東(ひがし) 동쪽

- ゆずる 양보하다

- たりる 족하다

- 田畑(たはた) 논밭, 전답

- あずける 맡기다

- もちぬし 주인

- 生涯(しょうがい) 생애, 평생

- 粗末(そまつ) 허술하고 나쁨, 변변치 않음

- 呼ぶ(よぶ) 부르다

문법&어구

---

1. **〜たところ : ~더니, ~하자**

☐ 男は、子どもにアブのついたワラを<u>あげたところ</u>、子どもの母親はお礼にミカンを三つくれました。

남자는 아이에게 등에가 붙은 짚을 주었더니 아이 어머니가 답례로 귤 세 개를 주었습니다.

▶ メガネからコンタクトに<u>したところ</u>、モテるようになった。
안경에서 콘텐트렌즈로 했더니 인기가 많아졌어.

▶ 注文をキャンセル<u>したところ</u>、キャンセルはできないと言われた。
주문을 취소했더니 취소는 안 된다고 했다.

---

2. **目にする : 보다, 목격하다**

☐ しばらく行くと、娘さんが道端で苦しんでいるのを<u>目にしました</u>。
한참을 가다가 아가씨가 길가에서 괴로워하고 있는 것을 보게 되었습니다.

▶ もう二度と再び<u>目にする</u>機会はあるまいと思われる。
이제 두 번 다시 볼 기회는 없을 것이라고 생각된다.

▶ ニュースで度々<u>目にする</u>言葉です。
뉴스에서 자주 보는 말입니다.

3. 〜ねばならない : 〜하지 않으면 안된다/해야 한다(〜なければならない)

□ そこの男。私はこれから東の国へ行かねばならない。

거기 남자. 나는 이제 동쪽 지방으로 가야 해.

▶ 優勝できるようにがんばらねばならない。

우승할 수 있도록 분발해야 한다.

▶ 今年こそ絶対に合格せねばならない。

올해야말로 꼭 합격해야 한다.

4. 〜ぬ : 〜아니다, 〜않다 (= 〜ない)

□ その馬をゆずってくれぬか。荷物を運ぶ馬がたりないのじゃ。

그 말을 양보해 주지 않겠나? 짐 나르는 말이 모자라서 말이야.

▶ もう泣かぬつもりだ。

이제 울지 않을 거야.

▶ 今彼女が何をやっているのか、「知らぬが仏」だよ。

지금 그녀가 뭘 하고 있는지 모르는 게 약이야.

5. 〜とおり: 〜대로

□ 観音さまに言われたとおり、男はわら一本で長者になり、男は、生涯、わら一本粗末にすることはありませんでした。

관음보살님이 말씀하신 대로 남자는 짚 하나로 부자가 되어 평생 짚 하나 하는 일이 없었습니다.

▶ 私の<u>思ったとおり</u>、田中さんは朝寝坊して遅刻した。
　　내 생각대로 다나카 씨는 늦잠을 자서 지각했다.

▶ 母が<u>言ったとおり</u>、新聞を読んだりニュースを見たりすることは
大切だと思う。
　　엄마가 말한 대로 신문을 읽거나 뉴스를 보거나 하는 것은 중요하다고 생각한다.

6. ～ことはない : ～일(것)은 없다

☐ 男は、生涯、わら一本粗末に<u>することはありませんでした</u>。
　　남자는 평생 짚 하나 소홀히 하는 일이 없었습니다

▶ たくさん頑張ったんだから、できなくても<u>がっかりすることはな
いよ</u>。
　　많이 노력했으니까 못해도 실망할 거 없어.

▶ 来週、また帰って来るんだから、わざわざ空港まで見送りに<u>来
ることはないよ</u>。
　　다음주에 또 돌아올 거니까 일부러 공항까지 배웅하러 올 거 없어.

7. ～から呼ばれる : ～에게 불리다

☐ 村人<u>からは</u>、「わらしべ長者」と<u>呼ばれました</u>。
　　마을 사람들에게는 '볏짚 부자'라고 불렸습니다.

▶ 自分の名前が後ろ<u>から呼ばれる</u>のがきこえた。
　　자신의 이름이 뒤에서 불리는 것이 들렸다.

▶ "YANMAR2"といった愛称でチームメンバーから呼ばれることと
なります。

"YANMAR2"라는 애칭으로 팀 멤버로부터 불리게 됩니다.

퀴즈

※ 다음 괄호 안에 들어갈 말로 잘못된 것을 모두 고르시오.

① 朝から晩まで、(働けど働けど)、貧乏でいいことがありませんでした。

② ある日、男は、最後の手段として、(飲めず食べずで)、観音さまにお祈りしました。

③ 何の役にも(たたない)と思いましたが、男は、わらを持って西に歩いて行きました。

④ (しばらく)歩くと、向こうから牛車がやってきて、牛車に乗った子どもが、男のもっているアブを見てお母さんに言いました。

⑤ 男は、子どもにアブのついたワラをあげたところ、子どもの母親は(お礼で)ミカンを三つくれました。

⑥ 「もう、のどがかわいて(一歩も)歩けない。どこかに水はないかい。」

⑦ そういって、水を欲しがっていたので、男はミカンをあげた(わけ)、じきに、娘さんはよくなりました。

⑧ そして、美しい布を見て、サムライは、男に馬と持っていた絹の布を交換して(ほしい)と言いました。

⑨ 男が、夜通し馬の面倒を(見て)やると、馬は、朝には元気になっていました。

⑩ 観音さまに(言われたとおり)、男はわら一本で長者になり、男は、生涯、わら一本粗末にすることはありませんでした。

쉬어가기

볏짚 부자와 관음보살(わらしべ長者と観音様)

'볏짚 부자' 이야기는 전국적으로 이야기되며, 지역에 따라 조금씩 다릅니다. 그러나 한 남자가 처음 가졌던 짚을 차례로 교환해 주고 마지막에는 큰 재물을 얻는다는 기본 이야기의 흐름은 바뀌지 않습니다.

이 옛날이야기에서 물물교환을 반복하다가 마지막에 고가의 물건을 손에 넣는 것을「わらしべ長者」라고 부르기도 합니다. 그래서 그런지「わらしべ長者」라고 하면 '운 좋게도 큰 부를 얻은 이야기'라는 인상이 강한 분도 있을 것입니다.

본문에서 소개한「わらしべ長者」는 관음보살의 지시에 따른 남자 이야기인데, 같은「わらしべ長者」에도 여러 가지 이야기가 있습니다. 그중 하나는「三年味噌型(さんねんみそがた)」이라고 불리는 줄거리입니다. 이 이야기에서는 가난한 남자가

柳田國男著岡本帰一画『日本昔話集』上
「わらしべ長者」(1916年)
출처 : https://ja.wikipedia.org/wiki/%E3%82%8
　　　F%E3%82%89%E3%81%97%E3%81%B
　　　9%E9%95%B7%E8%80%85#/media/%E
　　　3%83%95%E3%82%A1%E3%82%A4%
　　　E3%83%AB:Warashibechouja.png

168

갑부의 딸과 결혼하려는 것에서부터 시작합니다. 그 조건으로 '대파 3개를 천냥으로 바꾼다'라고 하는 난제가 제안되고 있습니다. 남자는 여행 중에 짚을 연잎으로 교환하고, 또 된장, 칼과 교환합니다. 마지막에는 멋지게 천냥을 손에 넣습니다. 그리고 무사히 부잣집 딸과 결혼할 수가 있었습니다.

이 밖에도 다양한 종류가 있지만 교환하는 것은 모두 마찬가지입니다. 다만 마지막으로 가질 수 있는 것에는 여러 가지 패턴이 있습니다.

그런데 이 「わらしべ長者」는 단순히 '운 좋은 남자 이야기'가 아닙니다. 관음보살의 신앙에 얽힌 이야기이기도 합니다.

남자는 관음보살을 믿었기 때문에 기도하고 그 분부대로 행동합니다. 만약 남자가 관음보살에 대해 조금이라도 의심을 품었다면 좋은 결과가 나오지 않았을지도 모릅니다. 「わらしべ長者」는 관음보살에 한정하지 않고 「신심에 의해 좋은 결과가 나오는 일이 있다」라고 하는 가르침이 가득 차 있습니다. 바로 믿는 자는 구원을 받는다는 것을 표현하고 있는 것입니다. 또한 '자신에게 있어서 가치가 없다고 생각했던 것이라도, 사람에 따라서는 큰 가치가 있을지도 모른다'라고 하는 교훈도 얻을 수 있을 것 같습니다.

그리고 또 하나의 교훈은 관음보살님의 말씀을 정직하게 지키고, 어려운 사람이 있으면 놓치지 않고 도와준다는 것입니다. 비록 지금은 가난하고 고통스럽지만 장기적으로 보면 마음씨 좋고 정직한 사람은 언젠가 행운을 얻을 수 있다는 것입니다.

욕심이나 눈앞의 이익에 얽매여 살기는 쉽지만, 긴 안목으로 인생을 봤을 때는 정직하게 살아가는 게 좋겠지요. 그 모습을 관음보살님이 지켜보고 계실 테니까요.

ぶんぶく茶釜
（ぶんぶくちゃがま）

第12課

ぶんぶく茶釜
（ぶんぶくちゃがま）

むかしむかし、あるお寺におしょうさんが住んでいました。

ある日、おしょうさんは見事な茶釜を手に入れて喜んでいました。

「こりゃいいものを見つけた。じつにいい形をしとる」

おしょうさんは、茶釜を床の間において、毎日大事にながめていました。

ある日のこと、茶釜を眺めていたおしょうさんは

「そうじゃ、ながめていてばかりでももったいない」

「こんなすばらしい茶釜の茶はどんなにおいしいんじゃろう。さっそくお茶をいれてみよう」

おしょうさんは茶釜に水をいれ、火にかけました。

茶釜はだんだん熱くなってきます。

ぶんぶくぶんぶく　　ぶんぶくぶんぶく

もぞもぞ、もぞもぞもぞっとなにか動いたかと思うと

「あちち！あつい、あつい！」と茶釜が叫びだし、

茶釜からタヌキのしっぽが出てきました。

「たいへんだ　茶釜からしっぽがでたわい」

すぐにしっぽは引っ込みましたが、おしょうさんは気味が悪くなり、ふる道具屋の男へ茶釜を売ることにしました。

ふる道具屋の男は、良い茶釜が手に入り喜びました。

「こんな良い茶釜ならきっと高く売れるぞ、明日街に売りに行こう」

古道具屋の男はそう思いました。

その日の夜、どこからともなく声が聞こえてきます。

「すみません、すみません。僕は茶釜に化けたタヌキです。茶釜の中で寝てたところをおしょうさんに持っていかれたので、茶釜に化けていたのです。」

古道具屋の男は驚いたものの、タヌキの話を聞いていました。

「どうか、僕を売らないでください。僕が芸をするので、見せ物にしてもらえれば、きっとたくさんお金がもらえます」

とタヌキがいうので、次の日、男はさっそく街に出かけ、タヌキの茶釜の見世物小屋を始めました。

「さあさ、よってらっしゃい、みてらっしゃい、

世にも珍しいぶんぶく茶釜が綱渡りをするよ」

と男がいうと、タヌキは踊りながらつなをわたしました。

「おお　おみごと！日本一のたぬきだ」

「すごいすごい」

それを見たお客さんは大喜び。

それからこの見せ物小屋には毎日たくさんのお客さんが集まりました。

こうして男とタヌキは幸せに暮らしました。おしまい

🗓 새로운 어휘

- **ぶんぶく** 부글부글(물이 끓어오를 때 나는 소리)

- **茶釜(ちゃがま)** (다도(茶道)에서) 물을 끓이는 솥

- **おしょうさん** 스님

- **手に入れる(てにいれる)** 손에 넣다

- **形(かたち)** 모양

- **床の間(とこのま)** 일본식 방의 상좌(上座)에 바닥을 한층 높게 만든 곳(벽에는 족자를 걸고, 바닥에는 꽃이나 장식물을 꾸며 놓음, 보통 객실에 꾸밈)

- **大事(だいじ)** 큰일, 소중함

- **すばらしい** 멋지다

- **お茶をいれる(おちゃをいれる)** 차를 끓이다

- **火にかける(ひにかける)** 불에 올려놓다

- **もぞもぞ** 활발하지 않고 조금씩 움직이는 모양, 스멀스멀, 느릿느릿

- **動く(うごく)** 움직이다, 옮아가다

- **叫ぶ(さけぶ)** 외치다, 부르짖다, 강하게 주장하다

- **しっぽ** 꼬리, 긴 것의 끝 부분

- **引っ込む(ひっこむ)** 안으로 들어가다, 움패다, 틀어박히다

- **気味(きみ)** 기분, 기미, 경향, 기, 티, 기색

- **ふる道具屋(ふるどうぐや)** 고물상(가게 또는 사람)

□　芸(げい)　재주, 일, 연예, 문무의 재능

□　見せ物(みせもの)　구경거리

□　小屋(ごや)　오두막

□　踊る(おどる)　춤추다

□　すごい　대단하다

□　集まる(あつまる)　모이다

□　幸せ(しあわせ)　행복

□　暮らす(くらす)　살다

□　おしまい　끝

 **문법&어구**

---

1. **こりゃ : 「これは」의 음변화, 놀랐을 때 사용**

☐ <u>こりゃ</u>いいものを見つけた。
이거 좋은 걸 발견했는데.

▶ ウム面白いな、<u>こりゃ</u>うまい。
음~ 재밌네, 이거 잘하네.

▶ <u>こりゃ</u>、ヒョットすると今晩かも知れぬ。
이거, 어쩌면 오늘밤일지도 모르겠군.

---

2. **～しとる : ～している의 축약, ～고 있다**

☐ じつにいい形を<u>しとる</u>。
모양새가 참 좋아.

▶ もしもし？ 今何<u>しとる</u>？
여보세요? 지금 뭐 해?

▶ 彼は一体何を<u>しとる</u>んじゃ。
그는 도대체 무엇을 하고 있는거야.

---

3. **～てばかり : ～고만**

☐ そうじゃ、ながめ<u>ていてばかり</u>でももったいない。
그래, 바라보고만 있어도 아깝지.

▶ スマホを見てばかりいると目が悪くなりますよ。

핸드폰만 보고 있으면 눈이 나빠져요.

▶ ジュースを飲んでばかりだ。

주스를 마시기만 한다.

4. どんなに～んじゃろう ： 얼마나～것일까

□ こんなすばらしい茶釜の茶はどんなにおいしいんじゃろう。

이렇게 멋진 찻솥에 있는 차는 얼마나 맛있을까.

▶ 死んでしまえばどんなに楽になるんじゃろう。

죽으면 얼마나 편해질까.

▶ 『英語』が話せたら、あなたはどんなに世界が広がるんじゃろう？

"영어"를 말할 수 있다면, 당신은 얼마나 세계가 넓어질까?

5. ～かとおもうと ： ～나 싶더니

□ もぞもぞ、もぞもぞもぞっとなにか動いたかと思うと……

스멀스멀, 스멀스멀하고 뭔가 움직였나 싶더니…

▶ 空が急に暗くなってきたかと思うと、雨が降ってきた。

하늘이 갑자기 어두워졌나 싶더니 비가 내리기 시작했다.

▶ 息子が帰って来たかと思うと、すぐに家を出ていった。

아들이 돌아왔나 싶더니 바로 집을 나갔다.

6. **〜なら : 〜면**

☐ こんな良い<u>茶釜なら</u>きっと高く売れるぞ、明日街に売りに行こう。

이런 좋은 찻솥이라면 틀림없이 비싼 값에 팔릴 거야, 내일 저잣거리로 팔러 가자.

▶ <u>シンガポールなら</u>「チリクラブ」がオススメですよ。

싱가포르라면 '칠리크랩'을 추천합니다.

▶ コンビニへ<u>行くなら</u>、ついでに牛乳買ってきて。

편의점에 갈 거면 겸사겸사 우유 사와.

7. **〜ところを : 〜는 데도, 〜한데**

☐ 茶釜の中で<u>寝てたところを</u>おしょうさんに持っていかれたので、茶釜に化けていたのです。

찻솥 안에서 자고 있는데 스님이 들고 가서 찻솥으로 둔갑한 겁니다.

▶ <u>困っているところを</u>見知らぬ人に助けてもらった。

곤란을 겪고 있는데 낯선 사람에게 도움을 받았다.

▶ 子どもが外を<u>走り回っているところを</u>ずっと眺めていた。

아이가 밖을 뛰어다니는 것을 계속 바라보고 있었다.

8. **〜ものの : 〜이기는 하지만, 〜하기는 했지만**

☐ 古道具屋の男は<u>驚いたものの</u>、タヌキの話を聞いていました。

고물상 남자는 놀랐지만 너구리의 이야기를 듣고 있었습니다.

▶ 本を<u>買ったものの</u>、まだ読んでいません。

책을 샀는데 아직 안 읽었어요.

▶ 興味は<u>あるものの</u>、まだやったことはありません。

흥미는 있지만 아직 한 적은 없어요.

9.　**〜ていらしゃい : 〜고 계세요**

□　さあさ、<u>よってらっしゃい</u>、<u>みてらっしゃい</u>、

자, 오세요 보세요,

▶ <u>いってらっしゃい</u>。

잘 다녀오세요.

▶ 90歳を過ぎても<u>しっかりしていらしゃるんです</u>。

아흔이 넘으셨는데도 정신이 또랑또랑하세요.

퀴즈

※ 다음 괄호 안에 들어갈 말로 잘못된 것을 모두 고르시오.

① おしょうさんは、茶釜を(床の間)において、毎日大事にながめていました。

② そうじゃ、ながめていて(ところ)でももったいない。

③ 「こんなすばらしい茶釜の茶は(どんなに)おいしいんじゃろう。さっそくお茶を
いれてみよう」

④ おしょうさんは茶釜に水をいれ、火に(あたりました)。茶釜はだんだん熱くなっ
てきます。

⑤ すぐにしっぽは引っ込みましたが、おしょうさんは(気味)が悪くなり、茶釜を売
ることにしました。

⑥ こんな良い茶釜(なら)きっと高く売れるぞ、明日街に売りに行こう。

⑦ その日の夜、どこから(ともなく)声が聞こえてきます。

⑧ 茶釜の中で寝てた(ところを)おしょうさんに持っていかれたので、茶釜に化けて
いたのです。

⑨ 古道具屋の男は驚いた(もので)、タヌキの話を聞いていました。

⑩ 僕が芸をするので、見せ物にして(もらえれば)、きっとたくさんお金がもらえま
す。

ぶんぶく茶釜의 유래, 뿌리는?

　민화 「ぶんぶく茶釜」의 유래는, 에도 후기의 수필 『甲子夜話』(かっしやわ)에 등장하는 너구리 이야기인 「茂林寺の釜」(もりんじのかま)가 기원이다. 군마 현 다테바야시 시의 무림사(群馬県館林市の茂林寺)에 전해지는 상서로운 이야기를 바탕으로 한 것이다. 내용에 대한 의미는 크게 없지만 사람도 동물도 선의에 찬 흐뭇한 옛날이야기라고 할 수 있다. 우스꽝스러운 너구리에 찻솥이란 재미있는 조합으로 집필자는 히젠국 히라도 번의 제9대 번주 마쓰우라 시즈야마(肥前国平戸藩の第9代藩主・松浦静山)란 설이 일반적이다. 「茂林寺の釜」에서 너구리가 둔갑하는 것은 절의 승려인 守鶴(しゅかく)이다. 그가 애용하는 찻솥은 아무리 써도 물이 떨어지지 않는 마법의 찻솥이었다.

月岡芳年画 『新形三十六怪撰』「茂林寺の文福茶釜」
출처 : https://ja.wikipedia.org/wiki/%E5%88%86%E7%A6%8F%E8%8C%B6%E9%87%9C#/media/%E3%83%95%E3%82%A1%E3%82%A4%E3%83%AB:Yoshitoshi Bunbuku Chagama.jpg

守鶴의 정체는 수천 년째 살아 있는 너구리로 인도에서 석가의 설법을 받고 중국을 건너 일본으로 온 것이었다.

낮잠을 자다가 정체가 탄로난 守鶴은 절을 떠나지만 마지막 작별하는 날 사람들에게 둔갑술을 선보이고 겐페이 전투(源平合戰)의 야지마 전투(屋島の戰い)와 석가의 입적을 재현해 보였다고 한다.

덧붙여서 … 스튜디오 지브리의 장편 애니메이션 平成狸合戰ポンポコ(헤이세이 너구리 전투 폰포코에서)는 세 마리 능구렁이의 지시에 의한 뉴타운 개발로 삼림이 파괴되는 것을 막기 위해 요괴로 둔갑해 행진하는 백귀야행(百鬼夜行) 장면이 나온다. 또 장로인 너구리의 999세를 축하하는 장면에서는 젊은 너구리가 장로 너구리에게 젊은 날 보았던 활의 명수 나스노 요이치(なすのよいち)로 둔갑해 달라고 부탁하자 변신하는 모습이 나온다. 이 장면들은 장로 너구리가 젊은 너구리에게 둔갑술의 본보기를 보여주는 것인데, 이것들은 무림사(茂林寺)의 가마솥 이야기(ぶんぶく茶釜)를 바탕으로 한 것이라고 알려져 있다.

ぶんぶく茶釜
출처: 石井正己『図説 日本の昔話』河出書房新社

桃太郎
（ももたろう）

第13課

桃太郎
（ももたろう）

　むかしむかし、ある所に、おじいさんとおばあさんが住んでいました。二人には子供がなかったので、さびしく暮していました。毎日、おじいさんは山へ柴刈りに、おばあさんは川へ洗濯に行きました。

　ある日のこと、おばあさんが川で洗濯していると、川上から大きな桃が、どんぶらこどんぶらこと流れてきました。おばあさんはその桃を拾って、家に帰りました。

　おじいさんが夕方家に帰ってから、おばあさんが桃を切ろうとすると、桃が二つに割れて、中から大きな男の子が生まれました。おじいさんとおばあさんはとても喜んで、その子に桃太郎と名前をつけて、大切に育てました。桃太郎はだんだん大きくなって、大変強くなりました。

　そのころ、桃太郎の村には、鬼ヶ島に住んでいる鬼がやってきて、人を殺したり、物を盗んだり、色々な悪いことをしていました。そこで、桃太郎は鬼を征伐しようと思って、おじいさんとおばあさんに話しました。二人はとても喜んで、おばあさんは桃太郎にきび団子を作ってやりました。

桃太郎がしたくをして、少し行くと、犬が来ました。

「桃太郎さん、桃太郎さん、どこへ行くのですか。」

「鬼が島に、鬼を征伐しに行くところです。」

「お腰につけたものは何ですか。」

「日本一のきび団子です。」

「一つ、わたしにください。」

「ついて来るなら、やりましょう。」

「それでは、家来になって行きましょう。」

桃太郎が犬を連れて、少し行くと、さるときじが来ました。さるときじも
おいしいきび団子をもらって、家来になりました。

鬼が島では、鬼たちは桃太郎が来たのを見て、大騒ぎしていました。

「大変だ。大変だ。強い桃太郎がやって来る。」

鬼たちは、急いで鉄の門を閉めてしまいました。桃太郎は門の中へ入ることができないので、困っていました。すると、きじが飛んで行って、中に入って、内側から門を開けました。そこで、桃太郎は家来たちと門の中に入りました。

鬼たちは必死に戦いましたが、桃太郎には勝てませんでした。

鬼たちはあやまりました。そして、大事な宝物を桃太郎に渡しました。

「もう、これからは決して悪いことはしません。」

「それでは、許してやろう。」

桃太郎は宝物を船に積みました。そして、犬とさるときじを連れて、おじいさんとおばあさんの住んでいる村に帰りました。

めでたし。めでたし。

새로운 어휘

- 柴刈りに(しばかりに) 나무하러 柴(땔감나무)＋刈る(베다)

- 洗濯(せんたく) 빨래

- 上(かみ) 상류

- 桃(もも) 복숭아

- どんぶらこどんぶらこ(と) 둥실둥실

- 流れる(ながれる) 떠내려가다, 흐르다

- 拾う(ひろう) 줍다, 건지다

- そのころ 그 당시

- 鬼ヶ島(おにがしま) 도깨비 섬

- 征伐(せいばつ) 정벌

- きび団子(きびだんご) 수수경단

- したく 채비, 준비

- 腰につける(こしにつける) 허리에 차다

- ついてくる 따라오다

- きじ 꿩

- 大騒ぎ(おおさわぎ) 난리가 나다

- 鉄の門(てつのもん) 철문

- 内側(うちがわ) 안쪽

- □ 必死に（ひっしに）　필사적으로

- □ 戦う（たたかう）　싸우다

- □ 勝つ（かつ）　이기다

- □ あやまる　용서를 빌다, 사과하다

- □ 渡す（わたす）　건네(주)다

- □ 許す（ゆるす）　용서하다

- □ 船（ふね）　배

- □ 積む（つむ）　싣다

- □ めでたし　경사스럽다, めでたい의 고어

문법&어구

1. 住む/暮す : 살다

□ ある所に、おじいさんとおばあさんが<u>住んでいました</u>。二人には子供がなかったので、さびしく<u>暮していました</u>。

옛날 옛적에 어느 곳에 할아버지와 할머니가 살고 있었습니다.

▶ 私は大阪に<u>住んでいる</u>。

나는 오사카에 산다.

▶ 私は毎日遊んで<u>暮している</u>。

나는 매일 놀며 산다.

2. 오노마토페(의성어·의태어)

□ おばあさんが川で洗濯していると、川上から大きな桃が、<u>どんぶらこ</u><u>どんぶらこと</u>流れてきました。

할머니가 냇가에서 빨래를 하고 있는데 상류에서 커다란 복숭아가 둥실둥실 떠내려 왔습니다.

말: ヒヒーン、ヒンヒン　히-힝

소: モーモー　음메-

닭: コケコッコー　꼬끼오

개: ワンワン　멍멍

고양이: ニャーニャー　야옹

천둥: ゴロゴロ　우르릉쾅

전화: リンリン　따르릉

초인종: ピンポン　띵똥

노크: トントン　똑똑

비: ザーザー　쏴쏴

눈: サラサラ　사락사락

3. 　～てから : ～고 나서

□ おじいさんが夕方家に帰ってから、おばあさんが桃を切ろうとすると、桃が二つに割れて、中から大きな男の子が生まれました。
할아버지가 저녁때 집으로 돌아온 뒤 할머니가 복숭아를 자르려고 하자 복숭아가 둘로 갈라지며 안에서 사내아이가 나왔습니다.

▶ ご飯を食べてから、薬を飲んでください。
밥 먹고 약 드세요.

▶ お金を入れてからボタンを押してください。
돈을 넣고 나서 버튼을 누르세요.

4. 　～たり～たり(する) : ～거나 ～거나(하다)

□ 桃太郎の村には、鬼ヶ島に住んでいる鬼がやってきて、人を殺したり、物を盗んだり、色々な悪いことをしていました。
모모타로네 마을에는 도깨비 섬(오니가시마)에 살고 있는 도깨비가 나타나서 사람을 죽이거나 물건을 훔치는 등 여러 가지 나쁜 짓을 하고 있었습니다.

▶ 最近は本を<u>読んだり</u>、音楽を<u>聞いたりする</u>暇もありません。
  요즘은 책을 읽거나 음악을 들을 틈도 없어요.

  最近は本を<u>読んだり</u>、音楽を聞く暇もありません。　　　　(X)
  요즘은 책을 보거나 음악을 들을 틈도 없어요.

▶ 昨日は友達と<u>遊んだり</u>、図書館で<u>勉強したりしました</u>。
  어제는 친구들과 놀기도 하고 도서관에서 공부하기도 했습니다.

  昨日は友達と<u>遊んだり</u>、お風呂に<u>入ったりしました</u>。　　(X)
  어제는 친구들과 놀기도하고 목욕을 하기도 했습니다.

5. ～ ところ : (막)~하려는 참, 찰나, 중

□ 鬼が島に、鬼を征伐しに<u>行くところ</u>です。
  도깨비 섬에, 도깨비를 정벌하러 가는 길입니다.

▶ これから<u>出かけるところ</u>です。
  지금부터 나가려는 참입니다.

▶ 今昼ご飯を<u>食べているところ</u>です。
  지금 점심을 먹고 있는 중입니다.

▶ 試験が<u>終わったところ</u>です。
  시험이 지금 막 끝났습니다.

6. 〜ができる/가능동사 : 〜할 수 있다

> □ 桃太郎は門の中へ入ることができないので、困っていました。
>
> 모모타로는 문 안으로 들어가지 못해 곤란했습니다.
>
> □ 鬼たちは必死に戦いましたが、桃太郎には勝てませんでした。
>
> 도깨비들은 필사적으로 싸웠습니다만, 모모타로에겐 이길 수 없었습니다.

▶ 長島さんは韓国語を話すことができる。

나가시마 씨는 한국어를 할 수 있다.

▶ 長島さんは韓国語が話せる。

나가시마 씨는 한국어를 할 수 있다.

퀴즈

※ 다음 괄호 안에 들어갈 말로 잘못된 것을 모두 고르시오.

① 毎日、おじいさんは山へ(柴刈りに)、おばあさんは川へ洗濯に行きました。

② おばあさんが川で洗濯していると、川上から大きな桃が、(どんぶらどんぶらと)流れてきました。

③ おじいさんが夕方家に(帰ってから)、おばあさんが桃を切ろうとすると、桃が二つに割れて、中から大きな男の子が生まれました。

④ そのころ、桃太郎の村には、鬼ヶ島に住んでいる鬼が(やってきて)、人を殺したり、物を盗んだり、色々な悪いことをしていました。

⑤ 二人はとても喜んで、おばあさんは桃太郎に(きび団子)を作ってやりました。

⑥ 「鬼が島に、鬼を征伐しに行く(ところ)です。」

「お腰につけたものは何ですか。」

⑦ 桃太郎が犬を連れて、少し行くと、さると(きじ)が来ました。

⑧ 鬼たちは、(急いで)鉄の門を閉めてしまいました。桃太郎は門の中へ入ることができないので、困っていました。

⑨ 鬼たちは必死に戦いましたが、桃太郎には(勝ちません)。

⑩ 桃太郎は宝物を船に積みました。(それで)、おじいさんとおばあさんの住んでいる村に帰りました。

정답: ⑦, ⑨, ⑩

■ 모모타로(桃太郞)의 모델

모모타로의 모델이 된 인물은 「吉備津彦命(きびつひこのみこと)」이다. 吉備津彦는 천황의 아들이다. 천황의 명에 따라 야마토(大和) 조정으로부터 기비국(吉備國:현재의 오카야마 현)을 평정하기 위해 파견되었는데 이 吉備津彦에 관한 신화가 모모타로의 이야기이다.

■ 오니가시마(鬼ヶ島)

오니가시마는 鬼城山(きのじょうさん)에 있는 鬼ノ城(きのじょう)이다. 표고 400미터 산에 세워진 성으로 거대한 돌담과 동서남북으로 문이 나있다. 이 작품에 나오는 도깨비는 다른 나라에서 넘어온 해적으로 일찍이 사철과 철광석을 발견하고 제철 기술을 도입하여 오니가시마에 철 문화를 들여왔다고 한다. 보통 광산지대에는 도깨비 이야기가 많이 전해지는데 이는 용광로 앞에서 일하는 사람들의 모습이 머리는 사철에 물들어 갈색이고 피부는 빨개서 도깨비처럼 보였기 때문이다.

―山東庵京伝(山東京伝)著 『絵本宝七種』(蔦屋重三郎刊、1804年)
출처 : https://ja.wikipedia.org/wiki/%E6%A1%83%E5%A4%AA%E9%83
%8E#/media/%E3%83%95%E3%82%A1%E3%82%A4%E3%83%A
B:Momotar%C5%8D ehon.jpg

犬山桃太郎神社 蔵(愛知県犬山市)
출처 : 日本桃太郎会連合会
https://momo-taro.jimdofree.com/%E6%A1%83%E5%A4%AA%E9%83%8E%E7%A
0%94%E7%A9%B6%E5%AE%A4/%E6%A1%83%E5%A4%AA%E9%83%8E%E7%B
5%B5%E5%B7%BB/

▌ 세 마리의 부하

일본의 방향은 12지로 나누는데 북쪽으로부터 子丑寅卯唇巳午未申酉戌亥로 나누어진다. 풍수학에서는 동북방향은 鬼門이라 하고 그 반대인 남서는 未申이다. 정반대편에 있는 동물인 원숭이 꿩(새), 개가 도깨비 퇴치에 참가한 것이라 추측된 데서 나온 것이며 일본에서는 옛날부터 새를 말할 경우에는 꿩을 가리켰다고 한다.

▌ 수수경단

수수경단은 에도시대에 「吉備津(きびつ)」신사(神社)로 참배하러 가는 길에 팔린 것이 시초라고 한다. 「吉備津神社(きびつじんじゃ)」에서 모시는 吉備津彦命(きびつひこのみこと)=桃太郎라는 전설에서 수수경단이 등장하게 된다.

▌ 모모타로의 뒷이야기

모모타로는 도깨비를 퇴치한 뒤 많은 금은보화를 받아 아무 불편 없이 살았는데 결국 타락한 생활을 하다 알거지가 되어 버린다. 반면 재물을 다 빼앗겨 버린 도깨비들은 살기 위해서 열심히 일하여 성실한 도깨비가 되었다는 이야기가 전해진다.

부록

한국어 번역

むかし、むかし、あるところに浦島太郎という心やさしい漁師が住んでいました。
옛날 옛날 어느 곳에 우라시마타로라는 마음씨 좋은 어부가 살고 있었습니다.

ある日のこと、浜辺を歩いていると一匹の亀が子供達にいじめられているのを見ました。
어느 날인가 해변을 거닐다가 거북이 한 마리가 아이들에게 괴롭힘을 당하는 것을 보았습니다.

「これこれ、亀をいじめたらかわいそうだよ。はなしておやり」
"이거봐, 거북이를 괴롭히면 불쌍하니 놓아 주렴."

そう言って浦島太郎は子供たちから亀を助けてやりました。
그렇게 말하며 우라시마타로는 아이들에게서 거북이를 구해 주었습니다.

数日すぎたある日、浦島太郎がいつものようにつりをしていると亀が海から出てきて、
며칠이 지난 어느 날, 우라시마타로가 언제나처럼 낚시를 하고 있는데 거북이가 바다에서 나와,

「浦島太郎さん、僕はこの間あなたから助けられた亀です。お姫様があなたを竜宮城におつれしなさい
というのでお迎えにまいりました。」
"우라시마타로 씨, 저는 얼마 전 당신이 구해 준 거북이에요. 공주님께서 당신을 용궁성으로 모셔오라고 해서 마중을 나왔습니다."

「竜宮城へつれていってくれるのかい。それなら、少し行ってみようか。」
"용궁성에 데려다 주는건가? 그럼 어디 좀 가볼까."

浦島太郎はさっそく亀のこうらに乗ると海の中に入っていきました。
우라시마타로는 즉시 거북의 등딱지를 타고는 바닷속으로 들어갔습니다.

竜宮城はさんごに囲まれ、魚が泳ぐ、それはそれは美しいお城でした。お姫様はそれはそれは美しい
お方でした。
용궁성은 산호로 둘러싸여 있고 물고기가 헤엄치는 참으로 아름다운 성이었습니다. 공주님은 정말로 아름다운 분이셨어요.

「浦島太郎さん、亀をたすけてくれてありがとうございます。どうかごゆっくりしていって下さい。」
"우라시마타로 씨, 거북이를 구해 줘서 고마워요. 부디 편히 쉬다 가십시오."

太郎は、お城の中の大きな部屋に案内され、たくさんの豪華な料理をごちそうになりました。
타로는 성 안의 큰 방으로 안내되어 많은 호화로운 요리를 대접받았습니다.

タイやヒラメやタコなどの魚たちが、太郎におどりを見せてくれました。
도미나 넙치, 문어 등의 물고기들이 타로에게 춤을 보여 주었습니다.

浦島太郎は時間のたつのも忘れて楽しみました。
우라시마타로는 시간 가는 줄도 모르고 즐겼어요.

まるで夢のような毎日でした。
마치 꿈같은 나날이었습니다.

数日が過ぎ、浦島太郎は村のことやお母さんのことを思い出し、ついに別れの時がやってきました。
며칠이 지나 우라시마타로는 마을 생각과 어머니를 떠올렸고, 마침내 이별의 시간이 다가왔습니다.

別れぎわ、お姫様は浦島太郎に小さな箱を手渡しました。
헤어질 무렵, 공주님은 우라시마타로에게 작은 상자를 건네 주었습니다.

「もう7日も竜宮城にいたので、そろそろ家に帰ります。ありがとうございます。」
"벌써 7일이나 용궁성에 있었으니 이제 집에 가겠습니다. 고맙습니다."

「いつまでも、ここにいて欲しいのですが、しかたありません。では、この玉手箱を持っていってください。でも、この箱は決して開けてはいけませんよ」
"언제까지라도 여기에 있었으면 좋겠지만 어쩔 수 없네요. 그러면 이 구슬 상자를 가져 가세요. 하지만 이 상자는 결코 열어서는 안 됩니다.

亀に乗って村に帰った浦島太郎は、どうしたことか自分の家もお母さんも見つけられず、村もすっかり変わっていました。
거북이를 타고 마을로 돌아간 우라시마타로는 어찌된 일인지 자기 집도 엄마도 찾지 못하고 마을도 완전히 변해 있었습니다.

どうしたらよいかわからなくなってしまい、玉手箱を開けてみることにしました。
어떻게 하면 좋을지 알 수 없게 되어 버려서, 구슬 상자를 열어 보기로 했습니다.

すると白いけむりが出てきて、浦島太郎はあっという間におじいさんになってしまいました。
그러자 하얀 연기가 나와서 우라시마타로는 눈 깜짝할 사이에 할아버지가 되어 버렸습니다.

竜宮城で楽しく過ごしている間に、何百年も経ってしまったのです。
용궁성에서 즐겁게 지내는 동안 수백 년이나 흘렀던 것입니다.

浦島太郎は、今どこにいるのか、夢なのかわからなくなってしまいました。
우라시마타로는 지금 어디에 있는지, 꿈인지 알 수 없게 되어 버렸습니다.

第2課　笠地蔵(かさじぞう) / 삿갓 지장보살

むかしむかし、あるところに、貧乏だけど心優しい、おじいさんとおばあさんがいました。
옛날 옛날, 어느 곳에 가난하지만 마음씨 좋은, 할아버지와 할머니가 있었습니다.

ある年の大晦日の事です。
어느 해 섣달 그믐날의 일입니다.

おじいさんとおばあさんは、二人でかさを作りました。
할아버지와 할머니는 둘이서 삿갓을 만들었습니다.

それを町へ持って行って売り、お正月のおもちを買うつもりです。
그것을 동네에 가져가 팔아서 설날 떡을 살 생각입니다.

「かさは五つもあるから、もちぐらい買えるだろう」
"삿갓은 다섯 개나 되니까 떡 정도는 살 수 있을 거야."

「お願いしますね。それから今夜は雪になりますから、気をつけて下さいよ」
"부탁해요. 그리고 오늘 밤은 눈이 내리니까 조심하세요."

おじいさんは、五つのかさを持って出かけました。
할아버지는 5개의 삿갓을 가지고 나갔습니다.

家を出てまもなく、雪が降ってきました。
집을 나서자마자 눈이 내리기 시작했습니다.

雪はだんだん激しくなったので、おじいさんはせっせと道を急ぎました。
눈은 점점 더 거세졌기 때문에 할아버지는 부지런히 길을 재촉했습니다.

村はずれまで来ると、お地蔵さまが六つならんで立っています。
마을 밖까지 오자 여섯 개의 지장보살님이 나란히 서 있었습니다.

お地蔵さまの頭にも肩にも、雪が積もっています。
지장보살님의 머리에도 어깨에도 눈이 쌓여 있었습니다.

これを見たおじいさんは、そのまま通り過ぎる事が出来ませんでした。
이걸 본 할아버지는 그냥 지나칠 수가 없었습니다.

「お地蔵さま。雪が降って寒かろうな。せめて、このかさをかぶってくだされ」
"지장보살님. 눈이 와서 춥겠구나. 그런대로 이 삿갓을 쓰세요."

おじいさんはお地蔵さまに、売るつもりのかさをかぶせてやりました。
할아버지는 지장보살님께 팔려고 했던 삿갓을 씌워 주었습니다.

でも、お地蔵さまは六つなのに、かさは五つしかありません。
하지만 지장보살님은 여섯인데 삿갓은 다섯 개밖에 없었습니다.

そこでおじいさんは自分のかさを脱いで、最後のお地蔵さまにかぶせてやりました。
그래서 할아버지는 자신의 삿갓을 벗어서 마지막 지장보살님께 씌워 주었습니다.

家へ帰ると、おばあさんがびっくりして言いました。
집에 돌아오자 할머니가 깜짝 놀라며 말했습니다.

「まあまあ、ずいぶん早かったですねぇ。それに、おじいさんのかさはどうしました？」
"아이고, 아주 빨리 오셨네요. 게다가 할아버지 삿갓은 어떻게 했어요?"

おじいさんは、お地蔵さまのことを話してやりました。
할아버지는 지장보살님에 관한 이야기를 해 주었습니다.

「まあまあ、それは良い事をしましたねえ。おもちなんて、なくてもいいですよ」
"어머나, 참 좋은 일 했네요. 떡 같은 건 없어도 돼요."

おばあさんは、ニコニコして言いました。
할머니는 싱긋 웃으며 말했습니다.

その夜、夜中だと言うのに、ふしぎな歌が聞こえてきました。
그날 밤, 한밤중인데 신기한 노래 소리가 들려왔습니다.

♪じいさんの家はどこだ。
♪영감의 집은 어디인가.

♪かさのお礼を、届けに来たぞ。
♪삿갓의 사례를 전하러 왔다.

♪じいさんの家はどこだ。
♪영감의 집은 어디인가.

♪かさのお礼を、届けに来たぞ。
♪삿갓의 사례를 전하러 왔다.

歌声はどんどん近づいて、とうとうおじいさんの家の前まで来ると、
노랫소리는 점점 가까워져서 마침내 할아버지 집 앞까지 오자

ズシーン！
털썩!

と、何かを置く音がして、そのまま消えてしまいました。
하고 뭔가를 놓는 소리가 나더니 그대로 사라져 버렸습니다.

おじいさんがそっと戸を開けてみると、おじいさんのあげたかさをかぶったお地蔵さまの後ろ姿が見えました。
할아버지가 살며시 문을 열어 보니 할아버지가 준 삿갓을 쓴 지장보살님의 뒷모습이 보였습니다.

そして家の前には、お正月用のおもちやごちそうが山のように置いてありました。
그리고 집 앞에는 설날용 떡과 맛있는 음식이 산더미처럼 놓여 있었습니다.

第3課　鶴の恩返し(つるのおんがえし) / 은혜 갚은 학

むかしむかし、あるところにおじいさんとおばあさんが住んでいました。ある寒い雪の日、おじいさんは町へたきぎを売りに出かけた帰り、わなにかかっている一羽の鶴をみつけました。　おじいさんはとてもかわいそうに思いました。
옛날 옛날, 어느 곳에 할아버지와 할머니가 살고 있었습니다. 어느 춥고 눈 내리던 날, 할아버지는 마을로 장작을 팔러 나갔다가 돌아오는 길에 덫에 걸려 있는 학 한 마리를 발견했습니다. 할아버지는 매우 불쌍하게 생각했습니다.

「じっとしていなさい。今助けてやるからなあ。」
"가만히 있으렴. 지금 도와줄테니까."

鶴を助けてやると、鶴は山の方に飛んでいきました。
학을 구해 주었더니 학은 산 쪽으로 날아갔습니다.

家に帰ると、おじいさんはその話をおばあさんにしました。
집에 돌아오자 할아버지는 그 이야기를 할머니에게 했습니다.

すると入口をたたく音がしました。
그러자 입구를 두드리는 소리가 났습니다.

「だれでしょう。」とおばあさんは扉をあけました。
"누굴까요?"라며 할머니가 문을 열었습니다.

美しい娘さんがそこに立っていました。
아름다운 아가씨가 거기에 서 있었습니다.

「夜分すみません。雪が激しくて道に迷ってしまいました。どうか一晩ここに泊めてもらえないでしょうか。」
"밤중에 죄송합니다. 눈이 많이 와서 길을 잃었어요. 제발 하룻밤을 여기서 재워 주면 안될까요?"

「ごらんの通り貧しくて十分な布団はありませんが、よかったら泊まっていって下さい。」
"보시다시피 가난해서 이불이 충분하지 않지만 괜찮다면 묵고 가세요."

娘さんはこの言葉に喜びそこに泊まることにしました。
아가씨는 이 말에 기뻐하며 그곳에 머물기로 했습니다.

次の日も、また次の日も雪は降り続きました。
다음날도, 또 다음날도 눈은 계속 내렸습니다.

娘さんは心優しく二人のために炊事、洗濯、何でもやりました。
아가씨는 상냥하게 두 사람을 위해 취사, 빨래, 무엇이든 했습니다.

子供のいない二人は、わが子のように思いました。
아이가 없는 두사람은 자식처럼 생각했습니다.

ある日、娘はこう言いました。
어느 날 아가씨는 이렇게 말했습니다.

「私は綺麗な布をおりたいと思います。糸を買ってきてくれませんか。」
"저는 예쁜 천을 짜고 싶어요. 실을 사다 주지 않겠어요?"

おじいさんはさっそく糸を買って来ました。作業を始めるとき、こう言いました。
할아버지는 얼른 실을 사왔습니다. 작업을 시작할 때 이렇게 말했습니다.

「これから、機をおります。機をおっている間は、決して部屋をのぞかないでください。」
"이제 베를 짜야지요. 베 짜는 동안에는 절대로 방을 들여다보지 마세요."

部屋に閉じこもると一日じゅう機をおり始めました。次の日も次の日も機をおり続けました。おじいさんとおばあさんは、機の音を聞いていました。
방에 틀어박히자 하루 종일 베를 짜기 시작했습니다. 다음 날도 그다음 날도 계속해서 베를 짰습니다. 할아버지와 할머니는 베 짜는 소리를 듣고 있었습니다.

三日目の夜、音が止むと、一巻きの布を持って娘は出てきました。それは実に美しく、今まで見たことのない織物でした。
사흘째 되는 날 밤 소리가 그치자 천 한 감을 들고 아가씨가 나왔습니다. 그것은 실로 아름답고 지금까지 본 적이 없는 옷감이었습니다.

「これは鶴の織物と言うものです。どうか明日町に行って売ってください。そしてもっと糸を買ってきてください。」
"이건 학옷감이라는 겁니다. 부디 내일 읍내에 나가 팔아 주세요. 그리고 실을 더 사다 주세요.."

次の日、おじいさんは町へ出かけました。
다음날, 할아버지는 읍내에 나갔습니다.

「鶴の織物はいらんかね。」とおじいさんは町を歩きました。とても高いお金で売れたのでおじいさんは糸と他の物を買いました。そして喜びながら家に帰りました。
"학옷감은 필요없나"라고 말하며 할아버지는 거리를 걸었습니다. 아주 비싼 값에 팔렸기 때문에 할아버지는 실과 다른 물건을 샀습니다. 그리고 좋아하면서 집으로 돌아갔습니다.

次の日、娘はまた織物をおりはじめました。
다음 날 아가씨는 다시 옷감을 짜기 시작했습니다.

いったいどうやってこんなに美しい布を織っているんだろう……気になってしまったおじいさんとおばあさんは、とうとう部屋を覗いてしまいました。
도대체 어떻게 이렇게 아름다운 옷감을 짜고 있는 걸까… 궁금해져 버린 할아버지와 할머니는 결국 방을 들여다보고 말았습니다.

そこには1羽の鶴がいて、自分の羽を引き抜いて布を作っていたのです。もう体の大部分の羽が抜けてしまっていて、ボロボロの姿になっていました。
거기에는 한 마리의 학이 있었는데 자신의 깃털을 뽑아서 옷감을 만들고 있었습니다. 이미 몸 대부분의 깃털이 빠져 버려서 너덜너덜한 모습이 되어 있었습니다.

そして、「あの日のご恩を返していましたが、正体を知られてしまった以上もうここにはいられません」と言い、泣きながら空へと飛び立っていってしまったのです。
그리고 "그날의 은혜를 갚고 있었지만 정체가 밝혀진 이상 이제 이곳에 있을 수 없습니다"라며 울면서 하늘로 날아가 버렸습니다.

第4課　さるかに合戦(さるかにがっせん) / 원숭이와 게 씨움

むかしむかし、カキの種をひろったサルが、おいしそうなおにぎりを持ったカニに、ばったりと出会いました。
옛날 옛날에 감씨를 주운 원숭이가 먹음직스러운 주먹밥을 가진 게를 딱 만났습니다.

サルはカニのおにぎりが欲しくなり、カニにずるい事を言いました。
원숭이는 게의 주먹밥이 먹고 싶어져서 게에게 교활한 말을 했습니다.

「このカキの種をまけば、毎年おいしいカキの実がなるよ。どうだい、おにぎりと交換してあげようか？」
"이 감씨를 뿌리면 해마다 맛있는 감이 열려. 어때, 주먹밥이랑 교환해줄까?"

「うん、ありがとう」
"응, 고마워"

カニは大喜びで家に帰り、さっそくカキの種をまきました。
게는 몹시 기뻐하며 집으로 돌아가, 즉시 감씨를 뿌렸습니다.

そして、せっせと水をやりながら、
그리고 부지런히 물을 주면서

♪早く芽を出せ、カキの種
♪ 빨리 싹을 틔워라, 감씨

♪早く芽を出せ、カキの種
♪ 빨리 싹을 틔워라, 감씨

♪出さねばはさみで、ほじくるぞ
♪안 내면 가위로 후벼파겠다

すると、どうでしょう。
그러자 어떨까요?

さっきまいたカキの種から芽が出てきて、ぐんぐん大きくなりました。
아까 뿌린 감씨에서 싹이 트기 시작해서 무럭무럭 자랐어요.

♪早く実がなれ、カキの木よ
♪어서 열매가 열려라, 감나무여

♪早く実がなれ、カキの木よ
♪어서 열매가 열려라, 감나무여

♪ならねばはさみで、ちょん切るぞ
♪안열리면 가위로 싹둑 잘라버리겠다.

こんどはカキの木に、たくさんのカキが実りました。
이번에는 감나무에 많은 감이 열렸습니다.

「よし、これでカキが食べられるぞ」
"좋아, 이제 감을 먹을 수 있어"

と、カニはカキの実を取りに行こうとしましたが、カニは木登りが出来ません。
하고, 게는 감 열매를 따러 가려고 했습니다만, 게는 나무로 올라갈 수가 없었습니다.

「どうしよう？」
"어떡하지?"

困っていると、さっきのサルがやって来て言いました。
난처해 하고 있는데 아까 그 원숭이가 찾아와 말했습니다.

「ありゃ、もうカキが実ったのか。よしよし、おいらが代わりにとってやろう」
"어머나, 벌써 감이 열렸네. 그래, 내가 대신 따다 줄게."

サルはスルスルと木に登ると、自分だけ赤いカキの実を食べ始めました。
원숭이는 스르르 나무에 올라가더니 자기만 빨간 감을 먹기 시작했어요.

「ずるいよサルさん、わたしにもカキを下さい」
"치사해, 원숭이 씨, 저도 감 좀 주세요."

「うるさい、これでもくらえ！」
"시끄러워, 이거라도 먹어!"

サルはカニに、まだ青くて固いカキの実をぶつけました。
원숭이는 게에게 아직 파랗고 딱딱한 감을 던졌어요.

「いたい、いたい、サルさんずるい」
"아파, 아파. 원숭이 씨 치사해."

大けがをしたカニは、泣きながら家に帰りました。
크게 다친 게는 울면서 집으로 돌아갔습니다.

そしてお見舞いに来た友だちの臼(うす→もちをつくる道具)とハチとクリに、その事を話しました。
그리고 병문안을 온 친구인 절구(떡을 만드는 도구)와 벌과 밤에게 그 일을 이야기했습니다.

話しを聞いたみんなは、カンカンに怒りました。
얘기를 들은 친구들은 화가 잔뜩 났어요.

「ようし、みんなであのサルをこらしめてやろう」
"좋아, 우리 모두 저 원숭이를 혼내 주자."

みんなはさっそくサルの家に行き、こっそりかくれてサルの帰りを待ちました。
모두 원숭이 집으로 곧장 가 몰래 숨어서 원숭이가 돌아오기를 기다렸어요.

「おお、さむい、さむい」
"오오, 춥다, 추워"

ふるえながら帰ってきたサルがいろりにあたろうとしたとたん、いろりにかくれていたクリがパチーンとはじけて、サルのお尻にぶつかりました。
떨면서 돌아온 원숭이가 화로 불을 쪠려고 한 순간, 화로에 숨어 있던 밤이 톡 하고 터지면서 원숭이의 엉덩이에 부딪혔어요.

「あちちちっ、水だ、水」
"아차차 물이다 물"

お尻を冷やそうと水がめのところへ来ると、水がめにかくれていたハチにチクチクと刺されました。
엉덩이를 식히려고 물동이 있는 데로 왔더니, 물동이에 숨어 있던 벌에 쿡쿡 쏘였어요.

「いたいっ、いたいよう、たすけてぇー！」
"아팟, 아파, 살려줘"

たまらず外へ逃げ出すと、屋根の上から大きな臼が落ちてきました。
참다못해 밖으로 도망치니 지붕 위에서 큰 절구가 떨어졌어요.

ドスーン！
쿵!

「わぁー、ごめんなさーい、もう意地悪はしないから、ゆるしてくださーい！」
"와아~ 미안해~ 이제 짓궂게 굴지 않을 테니까 용서해 줘!"

それから改心(かいしん)したサルは、みんなと仲良くなりました。
그리고 마음을 돌린 원숭이는, 모두와 사이가 좋아졌습니다.

第5課 **花咲かじいさん(はなさかじいさん) / 꽃 피우는 할아버지**

むかしむかし、あるところに、おじいさんとおばあさんが住んでいました。
옛날 옛날 어느 곳에 할아버지와 할머니가 살고 있었습니다.

二人は子どもがいなかったので、シロというイヌをとても可愛がっていました。
두 사람은 아이가 없었기 때문에 흰둥이라는 개를 매우 귀여워하고 있었습니다.

ある日、シロが畑でほえました。
어느 날 흰둥이가 밭에서 짖었어요.

「ここほれワンワン、ここほれワンワン」
"여기 파 멍멍, 여기 파 멍멍"

「おや？　ここをほれと言っているのか。よしよし、ほってやろう」
"어? 여길 파라는 거야? 오냐오냐, 파 줘야지"

おじいさんがほってみると、
할아버지가 파보니,

「ややっ、これはすごい！」
"야얏, 이거 대박이다!"

なんと、地面の中から大判小判がザクザクと出てきたのです。
이럴 수가, 땅 속에서 금화가 지천으로 나온 것입니다.

この話を聞いた、となりの欲張りじいさんが、
이 말을 들은 옆집 욕심쟁이 영감이,

「わしも、大判小判を手に入れる。おめえのシロを、わしに貸してくれや」
"나도 금화를 손에 넣어야겠다. 네놈의 흰둥이를 내게 빌려 줘."

欲張りじいさんは、シロを無理矢理畑に連れて行きました。
욕심쟁이 영감은 흰둥이를 억지로 밭에 데리고 갔습니다.

そして、嫌がるシロがキャンキャンないたところをほってみると、くさいゴミがたくさん出てきました。
그리고 싫어하는 흰둥이가 낑낑거리는 곳을 파보니, 냄새나는 쓰레기가 많이 나왔습니다.

「この役立たずのイヌめ！」
"이 쓸모없는 개야!"

怒った欲張りじいさんは、なんと、シロを殴り殺してしまったのです。
화가 난 욕심쟁이 영감은 어따 흰둥이를 때려죽여 버렸습니다.

シロを殺されたおじいさんとおばあさんは、なくなくシロを畑にうめてやると、棒(ぼう)を立ててお墓を作りました。
흰둥이를 살해당한 할아버지와 할머니는 울며 겨자 먹기로 흰둥이를 밭에 파묻어주자 막대기를 세워 무덤을 만들었어요.

次の日、おじいさんとおばあさんがシロのお墓参りに畑へ行ってみると、シロのお墓の棒が一晩のうちに大木になっていたのです。
다음 날, 할아버지와 할머니가 흰둥이의 무덤을 돌보러 밭에 가보니 흰둥이 무덤의 막대기가 밤새 큰 나무가 되어 있었습니다.

おじいさんとおばあさんは、その木で臼(うす)を作って、おもちをつきました。
할아버지와 할머니는 그 나무로 절구를 만들어 떡을 찧었어요.

すると不思議な事に、もちの中から宝物がたくさん出てきました。
그러자 이상하게도 떡 안에서 보물이 많이 나왔습니다.

それを聞いた、欲張りじいさんは、
그 말을 들은 욕심쟁이 영감은

「わしも、もちをついて宝を手に入れる。おめえの臼を、わしに貸してくれや」
"나도 떡을 찧어 보물을 손에 넣겠다. 네 맷돌을 내게 빌려 주게나."

と、臼を無理矢理借りると、自分の家でもちをついてみました。
하고 맷돌을 억지로 빌리자 자기 집에서 떡을 찧어 보았습니다.

しかし出てくるのは石ころばかりで、宝物は出てきません。
하지만 나오는 것은 돌멩이 뿐 보물은 나오지 않았습니다.

「いまいましい臼め！」
"지그지긋한 절구야!"

怒った欲ばりじいさんは臼をオノでたたき割ると、焼いて灰にしてしまいました。
화가 난 욕심쟁이 영감은 절구를 도끼로 때려 부수더니 불에 태워 재로 만들어 버렸습니다.

大切な臼を焼かれたおじいさんは、せめて灰だけでもと、臼を焼いた灰をザルに入れて持ち帰ろうとしました。
소중한 절구를 태운 할아버지는 그런대로 재만이라도 하며 절구 태운 재를 자루에 넣어 가지고 가려고 했습니다.

その時、灰が風に飛ばされて、枯れ木にフワリとかかりました。
그 때, 재가 바람에 날려 마른나무에 보송보송 걸렸어요.

すると、どうでしょう。
그러자 어떨까요?

灰のかかった枯れ木に、満開の花が咲いたのです。
재가 덮인 마른나무에 활짝 꽃이 피었습니다.

おじいさんは、うれしくなって次々に灰をまいて、枯れ木に美しい花を咲かせました。
할아버지는 기뻐서 차례차례 재를 뿌리고, 마른 나무에 아름다운 꽃을 피웠습니다.

ちょうどそこへ、お城のお殿さまが通りかかりました。
마침 그곳을 성의 영주님이 지나갔습니다.

お殿さまはたいそう喜んで、おじいさんにたくさんのほうびをあげました。
영주님은 매우 기뻐하며 할아버지께 많은 상을 주었습니다.

それを見ていた欲張りじいさんが、無理矢理に灰を取り上げると、殿さまの前でたくさん花を咲かせようと、灰をいっせいにまきました。
그것을 보고 있던 욕심쟁이 영감이 억지로 재를 거두어들이자, 영주님 앞에서 꽃을 많이 피우려고 재를 일제히 뿌렸습니다.

すると灰がお殿さまの目に入って、欲張りじいさんはお殿さまの家来にさんざん殴られたということです。
그러자 재가 영주님의 눈에 들어가서 욕심쟁이 영감은 영주님의 신하에게 호되게 얻어맞았다고 합니다.

209

第6課 おむすびころりん / 데굴데굴 주먹밥

むかしむかし、木こりのおじいさんは、お昼になったので、切りかぶに腰をかけて、お弁当を食べることにしました。
옛날 옛날에 나무꾼 할아버지가 점심이 되어서 그루터기에 걸터앉아 도시락을 먹기로 했습니다.

「うちのおばあさんがにぎってくれたおむすびは、まったくおいしいからな」
"우리 할머니가 만들어 준 주먹밥은 정말 맛있다니까"

ひとりごとをいいながら、タケの皮の包みを広げたときです。
혼잣말을 하면서 대나무 껍질로 만든 꾸러미를 펼쳤을 때입니다.

コロリンと、おむすびが一つ地面に落ちて、コロコロと、そばの穴へころがりこんでしまいました。
데구르르하고 주먹밥 한 개가 바닥에 떨어져 데굴데굴 옆 구멍으로 굴러 들어가 버렸습니다.

「おやおや、もったいないことをした」
"이런이런, 아까운 짓을 했다."

おじいさんが穴をのぞいてみますと、深い穴の中から、こんな歌が聞こえてきました。
할아버지가 구멍을 들여다보니 깊은 구멍 속에서 이런 노래가 들려왔습니다.

♪おむすびコロリン　コロコロリン。
♪주먹밥 데굴 데굴 데구르르

♪コロリンころげて　穴の中。
♪데굴데굴 굴려서 구멍 안.

「ふしぎだなあ。だれが歌っているんだろう？」
"신기하네. 누가 노래하는 걸까?"

こんなきれいな歌声は、今まで聞いたことがありません。
이렇게 예쁜 노랫소리는 여태껏 들어본 적이 없었어요.

「どれ、もう一つ」
"어디 보자, 하나 더"

おじいさんは、おむすびをもう一つ、穴の中へ落としてみました。
할아버지는 주먹밥을 하나 더 구멍 속에 떨어뜨려 보았습니다.

するとすぐに、歌が返ってきました。
그러자마자 노래가 되돌아왔어요.

♪おむすびコロリン　コロコロリン。
♪주먹밥 데굴 데굴 데구르르

♪コロリンころげて　穴の中。
♪데굴데굴 굴려서 구멍 안.

「これは、おもしろい」
"이거 재밌네."

おじいさんは、すっかりうれしくなって、自分は一つも食べずに、おむすびをぜんぶ穴へ入れてしまい

ました。
할아버지는 아주 기뻐서, 자기는 하나도 먹지 않고 주먹밥을 전부 구멍에 넣어 버렸습니다.

つぎの日、おじいさんは、きのうよりももっとたくさんのおむすびをつくってもらって、山へ登っていきました。
다음날 할아버지는 어제보다 더 많은 주먹밥을 만들어 달래서 산에 올랐습니다.

お昼になるのを待って、コロリン、コロリンと、おむすびを穴へ入れてやりました。
점심때가 되기를 기다려 데굴 데굴하고 주먹밥을 구멍에 넣어 주었습니다.

そのたびに、穴の中からは、きのうと同じかわいい歌が聞こえました。
그때마다 구멍 안에서는 어제와 똑같이 귀여운 노래가 들렸어요.

「やれやれ、おむすびがおしまいになってしまった。だけど、もっと聞きたいなあ。そうだ、穴の中へ入って、たのんでみることにしよう」
"아이고, 우리 주먹밥이 다 끝났네. 하지만 좀 더 듣고 싶네. 그래, 구멍 속으로 들어가서 부탁해 보기로 하자"

おじいさんは、おむすびのようにコロコロころがりながら、穴の中へ入っていきました。
할아버지는 주먹밥처럼 데굴데굴 굴러가면서 구멍 속으로 들어갔습니다.

するとそこには、かぞえきれないほどの、おおぜいのネズミたちがいたのです。
그러자 거기에는 셀 수 없을 정도로 많은 쥐들이 있었습니다.

「ようこそ、おじいさん。おいしいおむすびをたくさん、ごちそうさま」
"할아버지, 어서 오세요. 맛있는 주먹밥을 많이 주셔서 잘 먹었어요."

ネズミたちは、小さな頭をさげて、おじいさんにお礼をいいました。
쥐들은 작은 머리를 숙이고 할아버지께 감사를 드렸습니다.

「さあ、今度はわたしたちが、お礼におもちをついてごちそうしますよ」
"자, 이제 우리가 답례로 떡을 만들어 대접해 드릴게요."

ネズミたちは、うすときねを持ち出してきて、
쥐들은 맷돌과 절굿공이를 가지고 와서

♪ペッタン　ネズミの　おもちつき。
♪철썩 쥐의 떡메치기.

♪ペッタン　ペッタン　穴の中。
♪철썩 철썩 구멍 안.

と、歌いながら、もちつきを始めました。
하고 노래를 부르면서 떡을 치기 시작했습니다.

「これはおいしいおもちだ。歌もおもちも、天下一品(てんかいっぴん)」
"이건 맛있는 떡이다. 노래도 떡도 천하일품이야"

おじいさんはごちそうになったうえに、ほしい物をなんでも出してくれるという、打ち出の小づちをおみやげにもらって帰りました。
할아버지는 진수성찬을 받은 데다가 원하는 것을 무엇이든 내어 준다는 요술방망이를 선물로 받아 돌아갔습니다.

「おばあさんや、おまえ、なにがほしい？」
"할멈, 당신 뭐 갖고 싶어?"

と、おじいさんは聞きました。
하고 할아버지가 물었습니다.

「そうですねえ。いろいろとほしい物はありますけれど、かわいいあかちゃんがもらえたら、どんなにいいでしょうねえ」
"글쎄요. 여러 가지 갖고 싶은 게 있지만 귀여운 아이를 가질 수 있다면 얼마나 좋겠어요."

と、おばあさんは答えました。
하고 할머니는 대답했습니다.

「よし、やってみよう」
'좋아, 해보자'

おじいさんが、小づちをひとふりしただけで、おばあさんのひざの上には、もうあかちゃんがのっていました。
할아버지가 손방망이를 한 번 휘두른 것만으로 할머니의 무릎 위에는 이미 아기가 올라와 있었습니다.

もちろん、ちゃんとした人間のあかちゃんです。
물론 제대로 된 인간 아기입니다.

おじいさんとおばあさんはあかちゃんを育てながら、仲よく楽しくくらしましたとさ。
할아버지와 할머니는 아기를 키우면서 오순도순 즐겁게 살았답니다.

第7課　一寸法師(いっすんぼうし) / 엄지동자

むかしむかし、あるところに、おじいさんとおばあさんが住んでいました。
옛날 옛날 어느 곳에 할아버지와 할머니가 살고 있었습니다.

二人には子どもがいなかったので、おじいさんとおばあさんは神さまにお願いしました。
두 사람에게는 아이가 없었기 때문에 할아버지와 할머니는 신령님에게 부탁했습니다.

「神さま、親指くらいの小さい小さい子どもでもけっこうです。どうぞ、わたしたちに子どもをさずけてください」
"신령님, 엄지손가락만한 아주 작은 아이라도 좋습니다. 부디 우리에게 아이를 주세요."

すると本当に、小さな小さな子どもが生まれたのです。
그러자 정말로 아주 작은 아이가 태어난 것입니다.

ちょうど、おじいさんの親指くらいの男の子です。
딱 할아버지의 엄지손가락만한 사내아이입니다.

二人はさっそく、一寸法師という名前をつけてやりました。
두 사람은 즉시 엄지동자라는 이름을 지어 주었습니다.

ある日の事、一寸法師はおじいさんとおばあさんに、こんな事を言いました。
어느 날, 엄지동자는 할아버지와 할머니에게 이런 말을 했습니다.

「わたしも都へ行って、働きたいと思います。どうぞ、旅の支度をしてください」
"저도 도시에 가서 일하고 싶어요. 부디 여행 준비를 해 주세요."

そこでおじいさんは一本の針で、一寸法師にちょうどピッタリの大きさの刀をつくってやりました。
그래서 할아버지는 바늘 한 개로 엄지동자에게 꼭 맞는 크기의 칼을 만들어 주었습니다.

おばあさんはおわんを川に浮かべて、一寸法師の乗る舟をつくってやりました。
할머니는 밥그릇을 강에 띄워 엄지동자가 탈 배를 만들어 주었습니다.

「ほら、この針の刀をお持ち」
"자, 이 바늘칼을 가져가"

「ほら、このおはしで舟をこいでおいで」
"자, 이 젓가락으로 배를 저어 가거라"

「はい。では、行ってまいります」
"네. 그럼 다녀오겠습니다"

一寸法師は上手におわんの舟をこぐと、都へと出かけました。
엄지동자는 능숙하게 밥그릇 배를 젓더니 도시로 나갔습니다.

そして都に着くと、一寸法師は都で一番立派な家をたずねていきました。
그리고 도시에 도착하자 엄지동자는 도시에서 가장 훌륭한 집을 찾아갔습니다.

「たのもう、たのもう」
"부탁할게, 부탁할게"

出て来た手伝いの人は、首をかしげました。
나온 하인은 고개를 갸웃했어요.

「おや、誰もいないねえ」
"아니, 아무도 없네"

「ここだよ、ここ」
"여기야 여기"

手伝いの人は玄関のげたの下に立っている、小さな一寸法師をやっと見つけました。
하인은 현관 나막신 아래에 서 있는 작은 엄지동자를 겨우 발견했습니다.

そして一寸法師は、その家のお姫さまのお守り役になったのです。
그리고 엄지동자는 그 집 아가씨를 지키는 역할을 하게 된 것입니다.

ある日の事、一寸法師はお姫さまのお供をして、お寺にお参りに行きました。
어느 날, 엄지동자는 아가씨를 모시고 절에 참배하러 갔습니다.

するとその帰り道、突然、二匹の鬼が現れたのです。
그러자 돌아오는 길에 갑자기 두 마리의 도깨비가 나타났습니다.

鬼はお姫さまを見ると、さらおうとしました。
도깨비는 아가씨를 보자 치려고 했습니다.

一寸法師はおじいさんにもらった針の刀を抜くと、鬼に飛びかかりました。
엄지동자는 할아버지가 주신 바늘 칼을 뽑더니 도깨비에게 달려 들었습니다.

ところが、鬼は一寸法師をヒョイとつまみあげると、パクリと丸のみにしてしまいました。
그런데 도깨비는 엄지동자를 획하고 집어 올리더니 꿀꺽하고 통째로 삼켜 버렸습니다.

鬼のお腹の中は、まっ暗です。
도깨비 뱃속은 캄캄했습니다.

一寸法師は針の刀を振り回して、お腹の中を刺してまわりました。
엄지동자는 바늘 칼을 휘둘러 뱃속을 찌르고 다녔습니다.

これには、鬼もまいりました。
여기에는 도깨비도 손들었습니다.

「いっ、いっ、痛たたた！」
"아 아파 아파!"

困った鬼は、あわてて一寸法師を吐き出しました。
난처한 도깨비는 당황해서 엄지동자를 뱉아냈습니다.

「よし、今度はわしが、ひねりつぶしてやるわ！」
"좋아. 이번엔 내가 해치워 주겠어!"

もう一匹の鬼が言いましたが、一寸法師は針の刀をかまえると、今度はその鬼の目の中へ飛び込んだものですから、鬼はビックリです。
또 한 마리의 도깨비가 말했습니다만, 엄지동자는 바늘 칼을 겨느더니 이번에는 그 도깨비의 눈 속으로 뛰어들었기 때문에 도깨비는 깜짝 놀랐습니다.

「たっ、たっ、助けてくれー！」
"사, 사, 살려줘!"

二匹の鬼は、泣きながら逃げ出してしまいました。
두 마리의 도깨비는 울면서 도망쳐 버렸습니다.

鬼が行ってしまったあとに、不思議な物が落ちていました。
도깨비가 가버린 후에 이상한 물건이 떨어져 있었습니다.

「まあ、これは打ち出の小づちという物ですよ。トントンとふると、何でも好きな物が出てくるのです」
"어머, 이건 요술방망이라는 물건이에요. 탁탁 흔들면 뭐든지 좋아하는 게 나와요"

そこで一寸法師は、お姫さまに頼みました。
그래서 엄지동자는 아가씨에게 부탁했습니다.

「わたしの背がのびるように『背出ろ、背出ろ』と、そう言ってふってください」
"제 키가 자라도록 '키 커라, 키 커라'라고 말하면서 흔들어 주세요"

お姫さまは喜んで、打ち出の小づちをふりました。
아가씨는 기뻐하며 요술방망이를 흔들었습니다.

「背出ろ、背出ろ」
"키 커라, 키 커라"

すると一寸法師の背は、ふればふっただけグングンとのびて、誰にも負けない立派な男の人になりました。
그러자 엄지동자의 키는 흔들면 흔든만큼 쑥쑥 커져서 누구에게도 지지 않는 훌륭한 남자가 되었습니다.

そして一寸法師はお姫さまと結婚して、仕事もがんばり、大変出世したということです。
그리고 엄지동자는 아가씨와 결혼해서 일도 열심히 하고 아주 출세했다고 합니다.

第8課　かちかち山(かちかちやま) / 딱딱산

むかしあるところに、おじいさんとおばあさんが住んでいました。
옛날 어느 곳에 할아버지와 할머니가 살고 있었습니다.

畑を荒らすたぬきに困り果てたおじいさんは、わなで捕まえて四つ足をしばり、うちの天井のはりにぶら下げました。
밭을 망치는 너구리 때문에 곤경에 빠진 할아버지는 덫으로 잡아 네 다리를 묶어, 집 천장의 대들보에 매달았습니다.

「たぬき汁をこしらえておいておくれ」
"너구리국을 좀 끓여놓게."

そうおばあさんに言って、またおじいさんは畑へ出かけました。
그렇게 할머니에게 말하고 할아버지는 다시 밭으로 나갔습니다.

きねと臼でとんとん麦をつくおばあさんに、手伝うから縄をといてくれとたぬきが声をかけます。
절굿공이와 절구로 쿵쿵하고 보리를 찧는 할머니에게 도와줄 테니 동아줄을 풀어 달라고 너구리가 말했습니다.

その言葉を信じて縄をといてくれたおばあさんを、たぬきはきねで殴り殺してしまいました。
그 말을 믿고 동아줄을 풀어준 할머니를 너구리는 절굿공이로 때려죽이고 말았습니다.

たぬき汁のかわりにばばあ汁をこしらえたたぬきは、おばあさんに化けておじいさんをだまし、汁を食べさせてしまいます。
너구리국 대신 할머니국을 만든 너구리는 할머니로 둔갑하여 할아버지를 속여 국을 먹여 버렸습니다.

「ばばあくったじじい、流しの下の骨を見ろ。」
"할멈 먹은 영감아, 개수대 밑의 뼈를 봐라."

おじいさんは驚き、おばあさんの骨を抱えておいおい泣きました。
할아버지는 놀라서 할머니의 뼈를 안고 엉엉 울었습니다.

やってきた白うさぎに、おじいさんはこれまでの話をして聞かせました。
집에 찾아온 흰토끼에게 할아버지는 지금까지의 이야기를 들려주었습니다.

気の毒に思ったうさぎは言いました。
가엾게 생각한 토끼가 말했습니다.

「わたしがきっと仇をとってあげましょう。」
"제가 꼭 원수를 갚아 주겠습니다."

ある日、うさぎはたぬきの巣穴の前で、かち栗を食べ始めました。
어느 날 토끼는 너구리 굴 앞에서 말린밤을 먹기 시작했어요.

栗を欲しがるたぬき。うさぎは栗をあげる代わりに、柴を向こうの山まで背負っていってほしいと言います。
밤을 탐내는 너구리. 토끼는 밤을 주는 대신 땔나무를 건너 산까지 짊어지고 가 달라고 했어요.

たぬきの後ろを歩きながら、うさぎは火打石で「かちかち」と火を切りました。
너구리 뒤를 걸어가면서 토끼는 부싯돌로 '딱딱' 하고 불을 피웠어요.

「うさぎさん、かちかちいうのは何だろう。」
"토끼야, 딱딱거리는 게 뭘까?"

「この山はかちかち山だからさ。」
"이 산은 딱딱산이니까."

「ああ、そうか。」
"아, 그렇구나."

火がたぬきの背中の柴に燃え移り、ぼうぼう燃えだしました。
불이 너구리의 등에 있는 땔나무에 옮겨 붙으며 활활 타오르기 시작했습니다.

「ぼうぼういうのは何だろう。」
"활활하는 소리는 뭘까?"

「ぼうぼう山だからさ。」
"활활산이니까."

たぬきの背中は燃え上がり、たぬきは泣きながら苦しみ転げまわりました。
너구리의 등이 타올라, 너구리는 울면서 괴로워하며 뒹굴었습니다.

あくる日、たぬきの見舞いにきたうさぎは、唐辛子みそを薬だと偽ってたぬきの背中にぬりたくりました。
다음날 너구리의 병문안을 온 토끼는 고추장을 약이라고 속여 너구리의 등에 마구 발라댔어요.

「いたい、いたい！」
"아파, 아파!"

背中に火がついたように熱くなり、たぬきは穴の中を転げまわりました。
등에 불이 붙은 것처럼 뜨거워져서 너구리는 구멍 속을 굴러다녔어요.

「ぴりぴりするのははじめだけ。じきに治るからがまんだよ。」
"따끔거리는 것은 처음뿐이야. 금방 나으니까 참아."

うさぎはそう嘘を言って帰っていきました。
토끼는 그렇게 거짓말을 하고 돌아갔습니다.

それから数日後。うさぎはたぬきを海に誘いました。
그리고 며칠 뒤. 토끼는 너구리를 바다로 유인했습니다.

うさぎは小さな木の舟に、たぬきは大きな泥の舟にのって沖へ出ます。
토끼는 작은 나무 배를, 너구리는 큰 진흙 배를 타고 바다로 나갔습니다.

すると、泥が溶けて、たぬきの乗った舟が沈み始めました。
그러자 진흙이 녹아 너구리가 탄 배가 가라앉기 시작했습니다.

「ああ、沈む、沈む、助けてくれ」
"아, 가라앉는다, 가라앉는다, 도와줘."

あわてるたぬきをおもしろそうに眺めながらうさぎは言いました。
당황하는 너구리를 재미있다는 듯이 바라보면서 토끼가 말했습니다.

「おばあさんを殺して、おじいさんにばばあ汁を食わせた報いだ。」
할머니를 죽이고 할아버지에게 할머니국을 먹인 응보다.

たぬきはとうとう溺れ死に、うさぎは見事に仇をとりました。
너구리는 끝내 익사하고 토끼는 보기 좋게 원수를 갚았습니다.

第9課　かぐや姫(かぐやひめ) / 엄지공주

むかしむかし、竹を取って暮らしているおじいさんがいました。
옛날 옛날, 대나무를 베어 살고 있는 할아버지가 있었습니다.

ある日の事、おじいさんが竹やぶに行くと、根元が光っている不思議な竹を見つけました。
어느 날, 할아버지가 대나무 숲에 갔더니 뿌리가 빛나고 있는 이상한 대나무를 발견했습니다.

「ほほう、これはめずらしい。どれ、切ってみようか。えい！　…うん？　これは！」
"호오, 이건 신기하다. 어디 한번 잘라볼까? 에이! …응? 이건!"

おじいさんがその竹を切ってみると、なんと中には小さな女の子がいたのです。
할아버지가 그 대나무를 잘라 보니, 놀랍게도 안에는 작은 여자 아이가 있었습니다.

子どものいないおじいさんとおばあさんは、とても喜びました。
자식이 없는 할아버지와 할머니는 매우 기뻐했습니다.

そしてその子を『かぐやひめ』と名付けて、大切に育てたのです。
그리고 그 아이를 '가구야히메'라고 이름지어 소중히 길렀습니다.

かぐやひめは大きくなるにしたがって、とても美しくなりました。
가구야히메는 자라나면서 매우 아름다워졌습니다.

そして年頃になると、
그리고 나이가 차자

「どうか、かぐやひめをお嫁さんにください」
"제발 가구야히메를 제 아내로 주세요"

と、若者がたくさんやってきました。
하고 젊은이들이 많이 찾아왔습니다.

中でも特に熱心な若者が、五人いました。
그 중에서도 특히 열심인 젊은이가 5명 있었습니다.

みんな、立派な若者です。
모두 훌륭한 젊은이들입니다.

でも、かぐやひめは、お嫁に行くつもりはありません。
하지만 가구야히메는 시집갈 생각이 없었습니다.

そこでかぐやひめは、困ってしまい、
이에 가구야히메는 난감해져서

「では、私が言う品物を持ってきて下さった方のところへ、お嫁に行きましょう。
"그럼, 제가 말씀드릴 물건을 갖다 주신 분께 시집가죠."

石作皇子(いしつくりのみこ)どのには、天竺(てんじく→インド)にある《仏の御石の鉢(ほとけのみいしのはち→おしゃかさまが使ったうつわ)》を、
이시즈쿠리 황자님은 천축에 있는 《부처님의 돌로 된 사발(부처님이 쓰던 그릇)》을,

車持皇子(くらもちのみこ)どのには、東の海の蓬莱山(ほうらいさん)にある《玉の枝(たまのえだ→根っ

こが銀、くきが金、実が真珠で出来ている木の枝》を、
구라모치황자님은 동쪽 바다 봉래산에 있는 《옥가지(뿌리가 은, 줄기가 금, 열매가 진주로 된 나뭇가지)》를,

阿部御主人(あべのみうし)どのには、もろこし(→中国の事)にある《火ネズミの裘(ひねずみのかわごろも→火ネズミと呼ばれる伝説のネズミの皮で作った燃えない布》を、大伴御行(おおとものみゆき)どのには、《竜の持っている玉》を、
아베노미우시님은 모로코시(→중국)에 있는 《불쥐 가죽옷(불쥐 라고 불리는 전설의 가죽으로 만든 타지 않는 옷)》을,
오토모노미유키님은 《용이 가지고 있는 구슬》을,

石上麻呂(いそのかみのまろ)どのには、つばめが生むという《子安貝(こやすがい→タカラ貝と呼ばれるきれいな貝)》を
이소노카미노마로님은, 제비가 낳는다는 《고야스가이(다카라조개라고 불리는 예쁜 조개)》를

それぞれ、お持ちいただきたい。」
각각 가져다 주세요."

と、言って、世にも珍しいと言われる品物を一人一人に頼みました。
라며, 아주 희귀하다고 하는 물건을 한사람 한사람에게 부탁했습니다.

五人の若者はそれぞれに大冒険をしましたが、かぐや姫の望んだ品物を手に入れた者は一人もいませんでした。
다섯 명의 젊은이들은 각각 대모험을 했지만 가구야히메가 원했던 물건을 손에 넣은 사람은 한 명도 없었습니다.

なんとか五人の若者を追い返したかぐやひめですが、かぐやひめのうわさはとうとうみかどの耳にも入りました。
간신히 다섯 명의 젊은이들을 쫓아보낸 가구야히메지만, 가구야히메의 소문은 결국 천황의 귀에도 들어갔습니다.

「ぜひ、かぐやひめを后(きさき)に欲しい」
"꼭 가구야히메를 황후로 삼고 싶다."

みかどの言葉を聞いたおじいさんとおばあさんは、大喜びです。
천황의 말을 들은 할아버지와 할머니는 매우 기뻐했습니다.

「すばらしいむこさんじゃ。これ以上のむこさんはない」
"훌륭한 사윗감이다. 더 이상의 사위는 없다."

お嫁にいくつもりのないかぐやひめは、何とか断ろうと思いましたが、みかどに逆らえば殺されてしまうかもしれません。
시집갈 생각이 없는 가구야히메는 어떻게든 거절하려고 생각했습니다만, 천황에게 거역하면 살해당하고 말지도 모릅니다.

それ以来、かぐやひめは毎晩毎晩悲しそうに月を見上げては泣いていました。
그 이후 가구야히메는 매일 밤 슬프게 달을 올려다보고는 울었습니다.

「実は、わたくしは月の世界のものです。今まで育てていただきましたが、今度の満月の夜には月へ帰らなくてはなりません」
"사실 저는 달나라 사람입니다. 그동안 키워 주셨는데 이번 보름날 밤에는 달로 돌아가야 합니다."

それを知ったみかどは、満月の夜、何千人もの兵士を送ってかぐや姫の家の周りを守らせました。
그 사실을 안 천황은 보름달이 뜨는 밤 수천 명이나 되는 병사를 보내 가구야히메의 집 주위를 지키게 했어요.

何とかして、かぐやひめを引きとめようとしたのです。
어떻게든 가구야히메를 만류하려고 했던 겁니다.

けれど真夜中になって月が高くのぼると、兵士たちは突然ねむってしまいました。
그런데 한밤중이 되어 달이 높이 떠오르자 병사들은 갑자기 잠들어 버렸어요.

かぐや姫はその間に、月の使いの車にのって月に帰ってしまいました。
가구야히메는 그 사이에 달 사자의 수레를 타고 달로 돌아가 버렸습니다.

その事を知ったおじいさんもおばあさんもみかども、とても悲しんだと言うことです。
그것을 안 할아버지와 할머니, 천황은 매우 슬퍼했다고 합니다.

第10課 金太郎(きんたろう) / 긴타로

むかしむかし、あしがら山に金太郎という優しく、力の強い男の子がいました。
옛날 옛날, 아시가라 산에 긴타로라는 마음씨 좋고 힘이 센 남자 아이가 있었습니다.

金太郎は小さいころから力持ちで、いつも山の中で動物たちと遊んでいました。
긴타로는 어려서부터 힘이 세고 언제나 산 속에서 동물들과 놀고 있었습니다.

ある日、動物たちのなかで一番強いクマとすもうをすることになりました。
어느 날 동물들 중에 제일 센 곰과 씨름을 하게 되었습니다.

なんと、きんたろうはクマも投げ飛ばしてしまいました。
이럴 수가, 긴타로는 곰도 내동댕이쳐버렸어요.

動物達と綱引きをしても金太郎にかなう相手はいません。
동물들과 줄다리기를 해도 긴타로에게 대적할 상대는 없었습니다.

ある日、金太郎は母親からまさかりをもらいました。
어느 날 긴타로는 어머니로부터 큰 도끼를 받았습니다.

そのマサカリでまきわりをして母親の手伝いをしました。
그 큰 도끼로 장작을 패서 어머니를 도와드렸습니다.

せっせとまきわりをしているきんたろうに動物たちは
부지런히 장작을 패고 있는 긴타로에게 동물들은

森の中の果物をとりにいこうとさそいました。
숲속에 있는 과일을 따러 가자고 했어요.

「よし、いこうか」
"좋아, 갈까?"

きんたろうは動物たちと元気よくでかけました。
긴타로는 동물들과 힘차게 나갔어요.

しばらくいくと「あれっ、橋がおちてる！」
한참을 가니 "어랏, 다리가 떨어졌네!"

「どうしよう？ 橋がないから、向こうへわたれないよ」
"어떡하지? 다리가 없어서 맞은편으로 못 건너가"

動物たちは困ってしまいました。
동물들은 곤란해졌어요.

「よし、ぼくにまかせておけ」
"좋아, 내게 맡겨 둬"

金太郎は近くに生えている大きな木を見つけると、
긴타로는 근처에 있는 커다란 나무를 발견하고는,

「よし、ちょうどいい大きさだ」
"좋아, 딱 적당한 크기다"

と、いって、その大きな木に体当たりをしました。
하고 말하며 그 큰 나무에 몸을 부딪쳤습니다.

ドーン！
쿵!

すると大きな木は簡単に折れてしまい、金太郎がそれを持ち上げて谷にかけると、あっという間に一本橋の出来上がりです。
그러자 큰 나무는 쉽게 부러져 버리고, 긴타로가 그것을 들어올려 골짜기에 걸치자 순식간에 외나무다리가 완성되었습니다.

「わーい。どうも、ありがとう」
"와아, 정말 고마워."

動物たちは大喜びで、金太郎のつくってくれた橋を渡りました。
동물들은 매우 기뻐하며 긴타로가 만들어 준 다리를 건넜습니다.

そんな金太郎のうわさを聞きつけた都の武士が
그런 긴타로의 소문을 들은 수도의 무사가

金太郎をたずねてあしがら山までやってきました。
긴타로를 찾아 아시가라산까지 왔습니다.

「あなたの力の強さには驚いた。きっと立派なぶしになれるでしょう。」
"당신의 힘에 놀랐다. 틀림없이 훌륭한 무사가 될 수 있을 거다."

「どうかね、私と一緒に都へこないか」
"부디, 나와 함께 수도로 올라가지 않겠나?"

と都の武士に言われた金太郎は武士になるために、都へ行くことに決めました。
라고 수도의 무사에게 들은 긴타로는 무사가 되기 위해 수도에 가기로 결정했습니다.

「ぼくは都でりっぱなぶしになります」
"저는 수도에서 훌륭한 무사가 되겠습니다"

金太郎はそう母親に告げると、あしがら山の動物たちにお別れを言い、都へ行きました。
긴타로는 그렇게 어머니에게 고하며, 아시가라산의 동물들에게 작별 인사를 하고 수도로 갔습니다.

そして金太郎は心優しく立派なぶしになりました。
그리고 긴타로는 마음씨 좋고 훌륭한 무사가 되었습니다.

第11課 わらしべ長者(わらしべちょうじゃ) / 볏짚 부자

むかし、むかし、ある所に正直者ですが、運の悪い男が住んでいました。
옛날 옛날 어느 곳에 정직한 사람이지만, 운이 나쁜 남자가 살고 있었어요.

朝から晩まで、働けど働けど、貧乏でいいことがありませんでした。
아침부터 밤까지 아무리 열심히 일해도 가난하고 좋은 일이 없었습니다.

ある日、男は、最後の手段として、飲まず食わずで、観音さまにお祈りしました。
어느 날 남자는 최후의 수단으로 먹지도 마시지도 않고 관음보살님께 기도했습니다.

すると、夕方暗くなった時、観音さんが目の前に現われ、こう言いました。
그러자 저녁에 어두워졌을 때 관음보살님이 눈앞에 나타나서 이렇게 말했습니다.

「あなたは、このお寺を出るとき、転がって何かをつかみます。それを持って西に行きなさい。」
"당신은 이 절을 나올 때 넘어져서 뭔가를 잡을 겁니다. 그것을 가지고 서쪽으로 가세요."

確かに、男は、お寺を出ようとしたとき、転がって、何かをつかみました。
확실히 남자는 절을 나오려고 할 때 넘어져서 뭔가를 잡았습니다.

それは、一本のわらでした。
그것은 한 개의 짚이었습니다.

何の役にもたたないと思いましたが、男は、わらを持って西に歩いて行きました。
아무 쓸모도 없다고 생각했지만 남자는 짚을 들고 서쪽으로 걸어갔습니다.

歩いていると、あぶが飛んできたので、男はあぶをつかまえると、わらの先に縛りつけ、また歩いて行きました。
걷고 있자니 등에가 날아와서 남자는 등에를 잡으면 짚 끝에 꽉 묶고 다시 걸어갔습니다.

しばらく歩くと、向こうから牛車(ぎっしゃ)がやってきて、牛車に乗った子どもが、男のもっているアブを見てお母さんに言いました。
한참을 걸어가자 맞은편에서 달구지가 오더니 달구지를 탄 아이가 남자가 들고 있는 등에를 보고 엄마에게 말했어요.

「ねえ、あのアブがほしいよ」
"있잖아, 저 등에가 갖고 싶어."

男は、子どもにアブのついたワラをあげたところ、子どもの母親はお礼にミカンを三つくれました。
남자는 아이에게 등에가 붙은 짚을 주었더니 아이 어머니가 답례로 귤 세 개를 주었습니다.

ミカンを三つ持ち、男はさらに西に歩いて行きました。
귤 세 개를 들고 남자는 서쪽으로 더 걸어갔습니다.

しばらく行くと、娘さんが道端で苦しんでいるのを目にしました。
한참을 가다가 아가씨가 길가에서 괴로워하고 있는 것을 보게 되었습니다.

「もう、のどがかわいて一歩も歩けない。どこかに水はないかい。」
"이제 목이 말라서 한 발짝도 못 걷겠어. 어디 물이 없을까?"

そういって、水を欲しがっていたので、男はミカンをあげたところ、じきに、娘さんはよくなりました。
그렇게 말하며 물을 마시고 싶어해서 남자가 귤을 줬더니 아가씨는 바로 좋아졌습니다.

お礼に、男は、きれいな絹の布をもらいました。
답례로 남자는 예쁜 비단 천을 받았습니다.

絹の布を持って、男はさらに西に歩いて行きました。
비단 천을 들고 남자는 서쪽으로 더 걸어갔습니다.

しばらく行くと、サムライと元気のない馬に出会いました。
한참을 가니 사무라이와 기운 없는 말을 만났습니다.

「困った。急に馬がたおれてしまった。急いでいるのにどうしよう。」
"난처하네. 갑자기 말이 쓰러져 버렸다. 급한데 어쩐다지."

そして、美しい布を見て、サムライは、男に馬と持っていた絹の布を交換してほしいと言いました。
그리고 아름다운 천을 보며 사무라이는 남자에게 말과 가지고 있던 비단 천을 교환해 달라고 말했습니다.

男は、布と馬を交換してあげました。男が、夜通し馬の面倒を見てやると、馬は、朝には元気になっていました。
남자는 천과 말을 교환해 주었습니다. 남자가 밤새도록 말을 돌봐 주었더니, 말은 아침에는 건강해져 있었습니다.

馬を連れて、男はさらに西に歩いて行くと、そこで、引っ越しをしている家がありました。
말을 끌고 남자는 서쪽으로 더 걸어가니, 거기서 이사하는 집이 있었습니다.

すると、門の中から、りっぱなおさむらい様が出てきました。
그러자 문 안에서 훌륭한 사무라이님이 나왔습니다.

「これこれ、そこの男。私はこれから東の国へ行かねばならない。その馬をゆずってくれぬか。荷物を運ぶ馬がたりないのじゃ。その代わりに、私が帰ってくるまで、この家とうらにある田畑をお前にあずけよう。」
"여봐, 여봐, 거기 남자. 나는 이제 동쪽 지방으로 가야 해. 그 말을 양보해 주지 않겠나? 짐 나르는 말이 모자라서 말이야. 대신 내가 돌아올 때까지 이 집과 뒤쪽에 있는 논밭을 네게 맡기겠다."

男は馬と家と交換しました。この家のもちぬしは、とうとう帰ってきませんでした。
남자는 말하고 집하고 맞바꿨어요. 이 집 주인은 끝내 돌아오지 않았습니다.

そうして男は立派な家と広い畑を持ったお金持ちになりました。
그렇게 해서 남자는 멋진 집과 넓은 밭을 가진 부자가 되었습니다.

観音さまに言われたとおり、男はわら一本で長者になり、男は、生涯、わら一本粗末にすることはありませんでした。
관음보살님이 말씀하신 대로 남자는 짚 하나로 부자가 되어 평생 짚 하나 소홀히 하는 일이 없었습니다.

村人からは、「わらしべ長者」と呼ばれました。
마을 사람들에게는 '볏짚 부자'라고 불렸습니다.

第12課 **ぶんぶく茶釜(ぶんぶくちゃがま) / 부글부글 찻솥**

むかしむかし、あるお寺におしょうさんが住んでいました。
옛날 옛적에 어느 절에 스님이 살고 있었어요.

ある日、おしょうさんは見事な茶釜を手に入れて喜んでいました。
어느 날 스님은 좋은 찻솥을 손에 넣어 기뻐했어요.

「こりゃいいものを見つけた。じつにいい形をしとる」
"이거 좋은 걸 발견했는데. 모양새가 참 좋아."

おしょうさんは、茶釜を床の間において、毎日大事にながめていました。
스님은 찻솥을 도코노마에 놓고 매일 소중하게 바라보았습니다.

ある日のこと、茶釜を眺めていたおしょうさんは
어느 날 찻솥을 바라보던 스님은

「そうじゃ、ながめていてばかりでももったいない」
"그래, 바라보고만 있어도 아깝지"

「こんなすばらしい茶釜の茶はどんなにおいしいんじゃろう。さっそくお茶をいれてみよう」
"이렇게 멋진 찻솥에 있는 차는 얼마나 맛있을까. 당장 차를 끓여 보자."

おしょうさんは茶釜に水をいれ、火にかけました。
스님은 찻솥에 물을 붓고 불에 올려놓았어요.

茶釜はだんだん熱くなってきます。
찻솥은 점점 뜨거워졌습니다.

ぶんぶくぶんぶく　ぶんぶくぶんぶく
부글부글 부글부글

もぞもぞ、もぞもぞもぞっとなにか動いたかと思うと
스멀스멀, 스멀스멀하고 뭔가 움직였나 싶더니

「あちち！あつい、あつい！」と茶釜が叫びだし、
"앗뜨뜨! 뜨거워, 뜨거워!"라고 찻솥이 소리치며

茶釜からタヌキのしっぽが出てきました。
너구리 꼬리가 찻솥에서 나왔습니다.

「たいへんだ　茶釜からしっぽがでたわい」
"큰일 났다 찻솥에서 꼬리가 나왔다아"

すぐにしっぽは引っ込みましたが、
금방 꼬리는 들어갔지만

おしょうさんは気味が悪くなり、
스님은 징그러워져서

ふる道具屋の男へ茶釜を売ることにしました。
고물상 남자에게 찻솥을 팔기로 했어요.

ふる道具屋の男は、良い茶釜が手に入り喜びました。
고물상 남자는 좋은 찻솥을 얻게 되어 기뻐했습니다.

「こんな良い茶釜ならきっと高く売れるぞ、明日街に売りに行こう」
"이런 좋은 찻솥이라면 틀림없이 비싼 값에 팔릴 거야. 내일 저잣거리로 팔러 가자."

古道具屋の男はそう思いました。
고물상 남자는 그렇게 생각했어요.

その日の夜、どこからともなく声が聞こえてきます。
그날 밤 어디선가 무슨 소리가 들려왔습니다.

「すみません、すみません。僕は茶釜に化けたタヌキです。茶釜の中で寝てたところをおしょうさんに
持っていかれたので、茶釜に化けていたのです。」
"저기요, 저기요. 저는 찻솥으로 둔갑한 너구리입니다. 찻솥 안에서 자고 있는데 스님이 들고 가서 찻솥으로 둔갑한 겁니다."

古道具屋の男は驚いたものの、タヌキの話を聞いていました。
고물상 남자는 놀랐지만 너구리의 이야기를 듣고 있었습니다.

「どうか、僕を売らないでください。僕が芸をするので、見せ物にしてもらえれば、きっとたくさんお
金がもらえます」
"제발 저를 팔지 마세요. 제가 재주를 부리니까 구경거리로 삼을 수 있으면 분명 돈을 많이 받을 수 있어요."

とタヌキがいうので、次の日、男はさっそく街に出かけ、タヌキの茶釜の見世物小屋を始めました。
라고 너구리가 말해서 다음날 남자는 즉시 저잣거리로 나가 너구리의 찻솥 구경거리를 보일 무대를 열었습니다.

「さあさ、よってらっしゃい、みてらっしゃい、世にも珍しいぶんぶく茶釜が綱渡りをするよ」
"자, 오세요, 보세요. 희귀한 부글부글 찻솥이 줄타기를 해요."

と男がいうと、タヌキは踊りながらつなをわたりました。
라고 남자가 말하자 너구리는 춤추면서 줄타기를 했습니다.

「おお　おみごと！日本一のたぬきだ」「すごいすごい」
"오 멋져요! 일본 제일의 너구리다." "대단해, 대단해"

それを見たお客さんは大喜び。
그것을 본 구경꾼들은 매우 기뻐했습니다.

それからこの見せ物小屋には毎日たくさんのお客さんが集まりました。
그리고 이것을 구경하러 매일 많은 손님들이 모였습니다.

こうして男とタヌキは幸せに暮らしました。おしまい
이렇게 해서 남자와 너구리는 행복하게 살았습니다. 끝

第13課 桃太郎(ももたろう) / 모모타로

むかしむかし、ある所に、おじいさんとおばあさんが住んでいました。
옛날 옛적에 어느 곳에 할아버지와 할머니가 살고 있었습니다.

二人には子供がなかったので、さびしく暮していました。
두 사람에게는 아이가 없어서 적적하게 살고 있었습니다.

毎日、おじいさんは山へ柴刈りに、おばあさんは川へ洗濯に行きました。
할아버지는 매일 산으로 나무하러 가고 할머니는 냇가로 빨래하러 갔습니다.

ある日のこと、おばあさんが川で洗濯していると、川上から大きな桃が、どんぶらこどんぶらこと流れてきました。
어느 날, 할머니가 냇가에서 빨래를 하고 있는데 상류에서 커다란 복숭아가 둥실둥실 떠내려 왔습니다.

おばあさんはその桃を拾って、家に帰りました。
할머니는 그 복숭아를 건져서 집으로 돌아왔습니다.

おじいさんが夕方家に帰ってから、おばあさんが桃を切ろうとすると、桃が二つに割れて、中から大きな男の子が生まれました。
할아버지가 저녁때 집으로 돌아온 뒤 할머니가 복숭아를 자르려고 하자 복숭아가 둘로 갈라지며 안에서 사내아이가 나왔습니다.

おじいさんとおばあさんはとても喜んで、その子に桃太郎と名前をつけて、大切に育てました。
할아버지와 할머니는 매우 기뻐하며 그 아이에게 모모타로라는 이름을 지어주고 애지중지 키웠습니다.

桃太郎はだんだん大きくなって、大変強くなりました。
모모타로는 점점 자라서 아주 힘이 세졌습니다.

そのころ、桃太郎の村には、鬼ヶ島に住んでいる鬼がやってきて、人を殺したり、物を盗んだり、色々な悪いことをしていました。
그 당시 모모타로네 마을에는 도깨비 섬(오니가시마)에 살고 있는 도깨비가 나타나서 사람을 죽이거나 물건을 훔치는 등 여러 가지 나쁜 짓을 하고 있었습니다.

そこで、桃太郎は鬼を征伐しようと思って、おじいさんとおばあさんに話しました。
그래서 모모타로는 도깨비를 정벌하려고 마음먹고 할아버지와 할머니에게 말했습니다.

二人はとても喜んで、おばあさんは桃太郎にきび団子を作ってやりました。
두 사람은 무척 기뻐하며, 할머니는 모모타로에게 수수경단을 만들어 주었습니다.

桃太郎がしたくをして、少し行くと、犬が来ました。
모모타로가 채비를 하고 얼마동안 가자 개가 왔습니다.

「桃太郎さん、桃太郎さん、どこへ行くのですか。」
「모모타로님, 모모타로님, 어디 가시는 길인가요?」

「鬼が島に、鬼を征伐しに行くところです。」
「도깨비 섬에, 도깨비를 정벌하러 가는 길이랍니다.」

「お腰につけたものは何ですか。」
「허리에 찬 것은 뭔가요?」

「日本一のきび団子です。」
「일본 제일의 수수경단이에요」

「一つ、わたしにください。」
「나 하나 주세요.」

「ついて来るなら、やりましょう。」
「따라오면 줄게요」

「それでは、家来になって行きましょう。」
「그럼, 부하가 되어 가지요」

桃太郎が犬を連れて、少し行くと、さるときじが来ました。さるときじもおいしいきび団子をもらって、家来になりました。
모모타로가 개를 데리고 얼마간 가니까, 원숭이와 꿩이 왔습니다. 원숭이와 꿩도 맛있는 수수경단을 받고 부하가 되었습니다.

鬼が島では、鬼たちは桃太郎が来たのを見て、大騒ぎしていました。
도깨비 섬에서는 도깨비들이 모모타로가 온 것을 보고 난리가 났습니다.

「大変だ。大変だ。強い桃太郎がやって来る。」
「큰 일 났다. 큰 일 났다. 힘센 모모타로가 왔다」

鬼たちは、急いで鉄の門を閉めてしまいました。
도깨비들은 서둘러 철문을 닫아버렸습니다.

桃太郎は門の中へ入ることができないので、困っていました。
모모타로는 문 안으로 들어가지 못해 곤란했습니다.

すると、きじが飛んで行って、中に入って、内側から門を開けました。
그러자 꿩이 날아가서 안으로 들어가 안쪽에서 문을 열었습니다.

そこで、桃太郎は家来たちと門の中に入りました。
그래서 모모타로는 부하들과 함께 문 안으로 들어갔습니다.

鬼たちは必死に戦いましたが、桃太郎には勝てませんでした。
도깨비들은 필사적으로 싸웠습니다만, 모모타로에겐 이길 수 없었습니다.

鬼たちはあやまりました。そして、大事な宝物を桃太郎に渡しました。
도깨비들은 용서를 빌었습니다. 그리고 소중한 보물을 모모타로에게 건네주었습니다.

「もう、これからは決して悪いことはしません。」
「더 이상 앞으론 결코 나쁜 짓을 하지 않겠어요」

「それでは、許してやろう。」
「그렇다면 용서해 주지」

桃太郎は宝物を船に積みました。そして、犬とさるときじを連れて、おじいさんとおばあさんの住んでいる村に帰りました。
모모타로는 보물을 배에 실었습니다. 그리고 개랑 원숭이랑 꿩을 데리고 할아버지와 할머니가 사는 마을로 돌아왔습니다.

めでたし。めでたし。
경사 났네. 경사 났네.

저자 윤호숙

한국외국어대학교/대학원 일본어과 졸업
일본히로시마대학 일본어교육학과 박사 / 일본어학, 일본어교육 전공
일본하쿠호재단 국제일본연구 펠로우쉽 초빙연구원
일본국립국어연구소 객원연구원
동경외대 국제일본연구센터 국제편집고문
국회도서관 일본자료 추천위원
한국대학신문 논설위원
한국일본언어문화학회 회장
한국일어일문학회 회장
현) 사이버한국외국어대학교 일본어학부 교수

〈저서〉

『키워드로 읽는 일본 문화 2 스모남편과 벤토부인』(공저) 글로세움
『키워드로 읽는 일본 어학 3 일본인의 언어유희』(공저) 글로세움
『분야별 현대 일본어학 연구』(공저) 박이정
「근·현대 한일양국의 번역연구」,『일본어와 한국어의 대조표현연구』인문사
『일본어능력시험 N3, N4』윤호숙·테라다요헤이 공저 제이앤씨
『신일한번역연습』개정판 제이앤씨
『일본어 입문(기초편)』개정판 제이앤씨
『일본어 입문(향상편)』개정판 제이앤씨
『아리가또 일본어 1·2·회화』(공저) 니혼고 팩토리
『실용 일본어 독해』제이앤씨

일본어 동화 읽기

초판 1쇄 인쇄   2022년 03월 14일
초판 1쇄 발행   2022년 03월 21일

저   자   윤 호 숙
발 행 인   윤 석 현
발 행 처   제이앤씨
책임편집   최 인 노
등록번호   제7-220호

우편주소   서울시 도봉구 우이천로 353
대표전화   02) 992 / 3253
전   송   02) 991 / 1285
홈페이지   http://www.jncbms.co.kr
전자우편   jncbook@hanmail.net

ⓒ 윤호숙 2022. Printed in Korea.

ISBN 979-11-5917-199-4 13730   정가 18,000원